Tim Bastian

Digitale Medien im Unterricht
sinnvoll einsetzen

Aspekte der Digitalisierung
in der schulischen Bildung

Bibliografische Information der Deutschen Nationalbibliothek:

Die Deutsche Nationalbibliothek verzeichnet diese Publikation in der Deutschen Nationalbibliografie; detaillierte bibliografische Daten sind im Internet über http://dnb.d-nb.de abrufbar.

Impressum:

Copyright © Science Factory 2019

Ein Imprint der GRIN Publishing GmbH, München

Druck und Bindung: Books on Demand GmbH, Norderstedt, Germany

Covergestaltung: GRIN Publishing GmbH

Inhaltsverzeichnis

1 Einleitung: Problemstellung, Forschungsinteresse, methodisches Vorgehen

Deutschland ist, so lässt sich nicht ohne Ironie feststellen, weltweit – gemeinsam mit den angloamerikanischen Ländern – führend, wenn es um kritische Betrachtungsweisen digitaler Medien geht[1]. Dies mag als Gegengewicht zu allzu euphorischen Protagonisten der digitalen Bildung oder als Relativierung der finanzstarken IT-Branche durchaus hilfreich sein, doch es wird spätestens dann problematisch, wenn derartige Argumente ihren Beitrag dazu leisten, dass Deutschland weltweit auf den hinteren Plätzen rangiert, was den Einsatz digitaler Technologie in schulischen Lernprozessen anbelangt. Warum dies derzeit so ist und welche Gelingensbedingungen erfüllt sein müssen, um dies zu korrigieren, ist ein wesentliches Ziel der vorliegenden Bachelorarbeit.

Im zweiten Kapitel soll ein kurzer Rückblick auf die rasante Entwicklung der Computertechnologie vergangenen Jahrzehnten erfolgen. Im Mittelpunkt stehen dabei Hypertextsysteme hinsichtlich ihrer Konzeption und ihres Potenzials zur Unterstützung von Lernprozessen. Im Anschluss daran werden seinerzeitige kritische Bewertungen zur Nutzung von Hypertexten referiert[2].

Das dritte Kapitel schlägt den Bogen vom Hypertext-Diskurs vornehmlich der 80er und 90er Jahre zu der gegenwärtig aufgeregt verlaufenden Debatte um die Digitalisierung und ihren Stellenwert für Lehr-/Lernprozesse im Allgemeinen und die Unterrichtsentwicklung im Besonderen. Vorliegende empirische Befunde zur Wirksamkeit unterschiedlicher Konzepte des digital unterstützten Lernens werden vorgestellt und kritisch bewertet (III.1 und III.2)[3]. Es wird dabei auch deutlich werden, dass die Interpretation der empirischen Studien – je nach Interesse – zu höchst unterschiedlichen Erkenntnissen führen kann (Kapitel III.3). Im vierten Kapitel folgen – exemplarisch – Einblicke in die gegenwärtige sehr polarisierte

---

[1] Vgl. Zylka, Johannes: Digitale Schulentwicklung: Das Praxisbuch für Schulleitung und Steuergruppen. Weinheim: Beltz 2018, S.99.

[2] Vgl. Tergan, Sigmar-Olaf: Hypertext und Hypermedia: Konzeption, Lernmöglichkeiten, Lernprobleme und Perspektiven. In: Ludwig Issing, Paul Klimsa (Hg.): Information und Lernen mit Multimedia und Internet. 3., vollständig überarbeitete Auflage. Weinheim: Beltz 2002, S. 99-112.

[3] Vgl. Schaumburg, Heike: Empirische Befunde zur Wirksamkeit unterschiedlicher Konzepte des digital unterstützten Lernens. In: Nele McElvany [u.a.] (Hg.): Digitalisierung in der schulischen Bildung. Chancen und Herausforderungen. Münster: Waxmann 2018, S.27-40.

Debatte um die digitale Bildung[4]. Dabei soll u.a. auch untersucht werden, ob und inwiefern sich teilweise vergleichbare Argumentationsmuster wie bei der Hypertext-Debatte in den 1980er und 1990er Jahren finden - einerseits als Allheilmittel für guten Unterricht gefeiert, andererseits mit dem Hinweis auf eine angebliche digitale Demenz dämonisiert (IV.2).

Die vorliegende Bachelorarbeit kann nicht im Einzelnen die zahlreichen Bedenken und Einwände gegen digitales Lernen in der Schule verhandeln, die aus sozialpsychologischer, juristischer oder medientheoretischer Perspektive vorgebracht werden (vgl. dazu ausführlich Kapitel IV.1 und IV.3). Es geht vielmehr darum, Bedingungen herauszuarbeiten, die trotz der unbestreitbaren Risiken ein lernwirksames und reflektiertes Arbeiten mit digitalen Medien ermöglichen können.

Im Anschluss daran werden neben typischen Misslingensbedingungen (idealtypische) Gelingensbedingungen für einen didaktisch und pädagogisch sinnvollen Einsatz digitaler Medien im Unterricht herausgearbeitet (Kapitel V). Digitale Medien werden dabei im Kontext von Personalentwicklung, Organisationsentwicklung und Unterrichtsentwicklung gesehen.

Im sechsten Kapitel werden – aufbauend auf Erkenntnisse der vorangehenden Kapitel – gelingende Anwendungsbeispiele vorgestellt: Schulen, in denen bereits digitale Medien, vorwiegend Tablets, im Alltag kontinuierlich und fundiert genutzt werden, teilweise unter Bezug auf die pädagogisch-didaktische Fachliteratur, teilweise mit Hilfe eigener Unterrichtsbesuche sowie Gesprächen mit Lehrkräften und mit der Schulleitung.

Im Fazit (Kapitel VII) erfolgt ein Rückblick auf den Verlauf der Argumentation, insbesondere in Bezug auf Analogien zwischen der seinerzeitigen Hypertext-Kontroverse und der aktuellen Debatte um die digitale Bildung. Mit Blick auf die Forschungsdebatte (Kapitel III), die Gelingensbedingungen sowie die Anwendungsbeispiele (Kapitel IV bis VI) werden Möglichkeiten aufgezeigt, ob und inwiefern die - eingangs erwähnte - derzeitige digitale Rückständigkeit in deutschen Schulen überwunden werden kann.

---

[4] Der Begriff „digitale Bildung" soll in der vorliegenden Arbeit in Analogie zu Begriffen wie „politische Bildung" oder „naturwissenschaftliche" Bildung vor dem Hintergrund des veränderten Bildungsauftrags in einer zunehmend vernetzten Welt verstanden werden. Keineswegs ist damit gemeint, dass künftig alle Lernprozesse digital ablaufen sollen; vgl. dazu Irion, Thomas und Eickelmann, Birgit: Digitale Bildung in der Grundschule, in: Grundschule. Keine Angst vor Tablet & Co, 7, 2018, S.7.

2 Hypertextsysteme – Merkmale, Struktur, Potenziale, Einwände

Im ersten Kapitel wird zunächst erläutert, was Hypertext- bzw. Hypermediasysteme kennzeichnet und welche typischen Merkmale der Informationsrepräsentation sie haben. Danach werden Potenziale und mögliche Nachteile des Arbeitens im Lehr-/Lern-Kontext dargestellt. Auch der Zusammenhang zwischen der seinerzeitigen Hypertext-Kontroverse und der heutigen Digitalisierungsdebatte wird angedeutet und später (in Kapitel IV.2) näher ausgeführt. Andere Aspekte wie die Geschichte und Entwicklung des Hypertexts, technische Vorläufer, das Verhältnis von Autor und Leser oder der Zusammenhang zwischen Hypertext und Literatur können mit Blick auf die leitenden Fragestellungen der Bachelorarbeit (vgl. Kapitel I) nur am Rande Berücksichtigung finden.

Bei einem Hypertext handelt es sich um einen meist kurzen Text mit einer netzförmigen, dynamischen, durch Links verbundenen Struktur. Das Konstrukt ist wie ein Spinnennetz aufgebaut, die einzelnen Hyperlinks ergeben dabei die Fäden und verbinden das digitale Spinnennetz miteinander. Die Verlinkungen können in alle Richtungen verlaufen, sich überkreuzen oder auch zum Ausgang zurückkehren[5]. Ted Nelson prägte den Begriff ‚Hypertext' erstmals in seinem Werk „A File Structure for The Complex, The Changing and the Indeterminate"[6]. Frühe Visionen des Hypertexts gehen bis auf das Jahr 1945 zurück, als Vannevar Bush, ein Ingenieur und technischer Berater der amerikanischen Regierung, einen Entwurf einer assoziativen Verknüpfung zur sinnvollen Strukturierung von Informationen vorlegte[7]. Ziel war, eine im Umfang flexible Wissensdatenbank in nicht-linearer Form zu entwickeln und dadurch auch die Auffindbarkeit von publizierten Forschungsergebnissen zu erleichtern und zur Entwicklung besserer Schreibmaschinen beizutragen. Auf der Grundlage dieser Idee baute dann später das Hypertext-Format des Internets auf.

Der Unterschied zu herkömmlichen Texten, die der Linearität und einem festen Ablauf verpflichtet sind, ist offensichtlich. Aufgrund der vielfältigen kulturellen und

---

[5] Vgl. Brech, Johann: „A digitalized Derrida" – Zum Verhältnis von Poststrukturalismus und Hypertext. Norderstedt: Grin 2012, S.8.

[6] Nelson, Ted: A File Structure for The Complex, The Changing and the Indeterminate. 20th National Conference. Association for Computing Machinery, New York: 1965.

[7] Nelson, Ted: As We May Think. Vgl. auch die deutsche Übersetzung: Bush, Vannevar: Wie wir denken werden. In: Karin Bruns, Ramón Reichert, Hg., Reader Neue Medien. Texte zur digitalen Kultur und Kommunikation. Bielefeld: Transkript-Verlag 2006, S. 106-125.

gesellschaftlichen Kontexte gab es zwar Unterschiede in der Art und Weise des Lesens, letztendlich folgten aber alle Texte dem gleichen Konzept. Eher linear aufgebaute Printmedien verfügen durchaus über Orientierungshilfen wie Register, Fußnoten und Glossare, denen der Leser[8] folgen kann. Allerdings sind beispielsweise Fußzeilen und Querverweise für den Leser oft sehr umständlich nachzuvollziehen, da er den gewohnten linearen Ablauf verlassen muss; dadurch wird der Lesefluss unterbrochen und die Aufmerksamkeitsspanne sinkt.

Um Lesern zu ermöglichen, einen Inhaltsbereich auf eigenen Pfaden, und nicht in einer bereits vorab festgelegten traditionell linearen Form, zu erschließen, wurden lokale und netzbasierte Lern- und Informationssysteme, die auf einer gemeinsamen Konzeption von Hypertext basierten, technisch umgesetzt. Der digitale Text wurde mit Verlinkungen und sonstigen Bausteinen versehen, die die Linearität von Texten aufheben. Die bekannteste Hypertext- Auszeichnungssprache, mit der solche Konstrukte möglich sind, ist die Hypertext Markup Language, kurz HTML. HTML wurde im Jahr 1991 erfunden, ein Jahr zuvor beschloss die US-amerikanische National Science Foundation, das Internet für kommerzielle Zwecke nutzbar zu machen, wodurch es über die Universitäten hinaus öffentlich zugänglich wurde. Jeder Nutzer kann nun theoretisch das weltumspannende Hypertextsystem um selbstverfasste Beiträge erweitern. Dazu kommen viele Möglichkeiten zu ‚Mitmachprojekten' wie Blogs oder Wikis. Die kontinuierliche und rasend schnelle Entwicklung der Technologie seit den Anfängen der digitalen Literatur ermöglichte in kürzester Zeit eine Vielfalt an verschiedenen Ausprägungen des Mediums, beispielsweise das E-Book, das online gegen eine Gebühr freigeschaltet werden kann, so dass der Nutzer sofortigen Zugriff erlangt. Auch E-Books können Links ins Internet enthalten, ein für Hypertexte bestens geeigneter Publikationsort - und selbst ein einziger gigantischer Hypertext - ist natürlich das World Wide Web.

Die beiden zentralen Eigenschaften von Hypertext sind demnach die nichtlineare bzw. nichtsequentielle Struktur und die Interaktivität. Der Literaturwissenschaftler George Landow, einer der bekanntesten Interpreten der Hypertextsysteme, fasst es so zusammen: „hypertext (is) as multisequentially read text"[9]. Die

---

[8]   Wenn in dieser Arbeit von Leser, Nutzer, Autor usw. die Rede ist, so ist damit im Allgemeinen die Funktion und nicht die Person gemeint.

[9]   Landow, George P.: Hypertext. The convergence of contemporary critical theory and technology. Baltimore & London: The Johns Hopkins University Press 1992, S.4

nichtlineare Anordnung der Texteinheiten ermöglicht es, flexibel und selbstgesteuert einen Pfad durch den Text aufzusuchen, zu explorieren, kognitiv zu verarbeiten und die Informationsknoten jeweils neu zusammenzustellen. Eine Texteinheit stellt mehrere Links zur Wahl, da der Text sonst linear verlaufen würde[10]. Landow fasst zusammen: „(...) linking is the most important fact about hypertext; particularly as it contrasts to the world of print technology"[11]. Wenn in dem Hypertext Bilder, Töne, Grafiken oder Filme enthalten sind, spricht man von ‚Hypermedia'. Das erfolgreichste Beispiel dafür ist das heutige Wikipedia. Der Leser ist nicht gezwungen, den Text vom Anfang bis zum Ende zu lesen, sondern kann autonom entscheiden, welche Themen ihn interessieren; er kann von Information zu Information springen und dabei natürlich gegebenenfalls auch Zeit bei der Informationsbeschaffung sparen.

Ein aktuelles Beispiel für die inzwischen rasant erfolgte Weiterentwicklung von Hypertext bzw. Hypermedia zeigt, dass die Grenze zwischen Autor und Leser/Nutzer immer mehr verwischt wird. Der interaktive Film „Black Mirror: Bandersnatch"[12], im Dezember 2018 auf Netflix veröffentlicht, handelt von dem Entwickler eines Videospiels, der auf der Grundlage eines Buches namens „Bandersnatch" des fiktiven Autors Jerome F. Davies ein Videospiel programmieren möchte. Der Leser hat bei diesem Buch die Möglichkeit, aktiv den Verlauf der Geschichte zu verändern und zu bestimmen. Die Handlungswege sind zwar vorgegeben, aber die Abfolge ist von Leser zu Leser unterschiedlich, ähnlich wie in einem Labyrinth. Auf gleicher Grundlage wurde der Film entwickelt, der Zuschauer hat jeweils einige Sekunden Zeit, zwischen zwei verschiedenen Handlungswegen zu wählen und kann somit das Ende des Filmes bestimmen. Dadurch wird die lineare Abfolge, die ja bei dem herkömmlichen Medium üblich ist, aufgebrochen und der Die Möglichkeit, direkt in die aktive Handlung einzugreifen, macht *Black Mirror: Bandersnatch* zu einem Hybrid zwischen Film und Computerspiel. Insgesamt fünf Stunden Filmmaterial sind in 250 Kapitel unterteilt, versteckt hinter den jeweiligen Entscheidungen des Zuschauers. Allerdings gibt es stets die Aufgabe, die Filmfigur, durch richtige Entscheidungen am Leben zu erhalten. Falls der Zuschauer eine

---

[10] Bachleitner, Norbert: https://www.netzliteratur.net/bachleitner/VOdigilit1.1-2.pdf. o.J. (aufgerufen am 9.03.19).

[11] Landow, George P.: Hyper/Text/Theory. Baltimore & London: The Johns Hopkins University Press 1994, S.7.

[12] https://www.netflix.com/de/title/80988062 (aufgerufen am 9.3.19).

falsche Entscheidung trifft, kann er zu diesem Zeitpunkt zurückkehren und neu wählen.

Deutlich wird, dass Hypertext-/Hypermediasysteme besonders gute Möglichkeiten eröffnen, offene, konstruktivistische Prozesse zu unterstützen und den Wissenserwerb zu fördern. Aus diesen Merkmalen und den konzeptionellen Zielsetzungen ergeben sich für die Nutzer zahlreiche Potenziale:[13]

Der Wissenserwerb wird durch eine netzwerkartige Informationsrepräsentanz unterstützt, was die kognitive Flexibilität der Nutzer herausfordert.

Die Interaktivität eröffnet erste Orientierungen bei neuen Themen- und Sachgebieten. Der Nutzer hat darüber hinaus große Freiräume und zuvor ungeahnte Optionen.

Es ergeben sich Möglichkeiten eines flexiblen nutzerorientierten Zugriffs auf die Informationen. Der Wissenserwerb wird bei Hypertext-/Hypermediasystemen durch einen selbstgesteuerten Prozess der Konstruktion von Wissen unterstützt und gefördert[14].

Der Nutzer kann durch die Verlinkungen auf Informationen stoßen, die er sich sonst nie angeschaut hätte. Man kann hierbei von einem willkommenen „Mitnahmeeffekt" sprechen. Der Hypertext kann als insofern als ein Grundbaustein für die Digitalisierung verstanden werden[15]. Heute, einige Jahrzehnte später, kann man einfache Hypertexte mit jeder Textverarbeitung oder mit Programmen zur Erstellung von Webseiten erzeugen.

Nach der anfänglichen Hypertext-Euphorie wurden, auch aufgrund empirischer Befunde zur Nutzung von Hypertexten, eine Reihe von Risikofaktoren identifiziert, die sich zwei Grundtypen von Lernproblemen zuordnen lassen. Durch die nicht vorhandene Linearität und die hohe Zahl an Wahlmöglichkeiten kann es leicht zu einer Desorientierung oder Verwirrung kommen, so dass sich der Leser im Hypertext verlieren kann. In einem solchen Fall schlägt die Informationsbeschaffung fehl.

---

[13] Die folgende Zusammenstellung orientiert sich an Sigmar-Olaf Tergans Forschungsüberblick zu Hypertextsystemen. Vgl. Tergan: Hypertext und Hypermedia, S.104-108.

[14] Ebd., S.106.

[15] Dazu äußert sich ausführlich Martin Kaiser, ein erfahrener schulischer Digitalisierungsexperte (vgl. das Transkript des Interviews in Anlage 1).

Hierbei spricht man von einem „Information Overflow"[16]. Diese hypertextspezifische Rezeptionssituation bildet den Rahmen für das zweite Problem, die sogenannte kognitive Überlast. Empirische Studien stellten in Frage, dass der Leser eines Hypertextes in hinreichendem Maße mit dessen Autor kollaborieren könne. Die Chancen des Hypertexts („Hypertext then has the potential to liberate readers from the linear dominion of physically stable")[17] werden zwar durchaus gesehen, doch scheitern diese Lernmöglichkeiten oft an fehlenden Kompetenzen der Lernenden in der Nutzung von Hypertextfunktionen und führen letztlich zu oberflächlichem Lernen. Der Hypertext setzt aktive und aufmerksame Nutzer mit der Fähigkeit zur metakognitiven Kontrolle voraus, welche regelmäßig die Inhalte kontrollieren und aktualisieren, damit jeder Hyperlink auch weiterhin zu einem Hypertext führt, um sich nicht im Konstrukt Internet zu verirren („lost in hyperspace"). Dies sei aber bei der Mehrzahl der Lernenden (noch) nicht gegeben[18].

Landow und auch Tergan sehen die bisherige Hypertext-/Hypermediaforschung kritisch und weisen auf konzeptuelle und methodische Unzulänglichkeiten hin[19]. Dies betrifft unter anderen Design-Entscheidungen und die Fixierung auf traditionelle schulische Lernerfolgskriterien wie das Behalten dargebotener Informationen. Auch müsse statt einer Betrachtung der Hypertexttechnologie als Stand-alone-Systeme eine Einbettung in geeignete Lehr-Lern-Arrangements untersucht werden. Die innovativen Potenziale der Hypertextsysteme für individuelles und kollaboratives Arbeiten, die im Rahmen eines selbstgesteuerten Lernens genutzt werden können, erfordern eine Ausweitung des Spektrums der Kriterien erfolgreichen Lernens[20].

---

[16] Vgl. Haack, Johannes: Interaktivität als Kennzeichen von Multimedia und Hypermedia. In: Ludwig Issing, Paul Klimsa (Hg.): Information und Lernen mit Multimedia und Internet. 3., vollständig überarbeitete Auflage. Weinheim: Beltz 2002, S. 126-136, hier S.130.

[17] Liestøl, Gunnar: Wittgenstein, Genette, and the Reader's Narrative in Hypertext. In: Landow, George P.: Hyper/Text/Theory. Baltimore & London: The Johns Hopkins University Press 1994, S.104.

[18] Vgl. Tergan: Hypertext und Hypermedia, S.108-111.

[19] Vgl. Landow. Hypertext. The convergence of contemporary critical theory and technology 1992.

[20] Vgl. Tergan: Hypertext und Hypermedia, S.112.

3 Empirische Studien zur Wirksamkeit digitaler Medien

Die Diskussion um den Einsatz digitaler Medien in Schule und Unterricht wird in der Öffentlichkeit, aber auch in wissenschaftlichen Publikationen sehr kontrovers geführt. Zwei Beispiele mögen dies veranschaulichen: Andreas Schleicher, internationaler Koordinator der PISA-Studien, verweist auf die Unumkehrbarkeit der Digitalisierung und sieht darin große Chancen, da sie das Lernen demokratisiere und es ermögliche, „viel besser auf die verschiedenen Lernschwächen und Stärken der Schülerinnen und Schüler einzugehen"[21], während der Medienwissenschaftler Rolf Lankau in gesellschaftskritischer Perspektive schon die Begrifflichkeiten ‚digitales Lernen' oder ‚digitale Bildung' für falsch hält[22]. Für ihn ist eine digitale Lernumgebung nur im Interesse der IT-Branche. Der „Wesenskern der Digitalisierung" ist laut Lankau der „Umbau humaner und sozialer Bildungseinrichtungen zu digital automatisierten Lernfabriken"[23] – ein unheilvoller Prozess, der zu Vereinzelung, sozialer Spaltung und sozialer Kälte führe.

Im Folgenden sollen zunächst empirische Befunde zum digitalen Lernen referiert werden (Kapitel III.1). Hierzu liegen in den letzten mehr als 40 Jahren unzählige Untersuchungen zur Lernwirksamkeit digitaler Medien im Klassenzimmer vor[24]. Darüber hinaus werden Studien speziell zum Tableteinsatz - mit Blick auf die Themenstellung der Bachelorarbeit – genauer betrachtet und dargestellt (Kapitel III.2). Eine kritische Bilanz der empirischen Studien schließt das Kapitel ab (Kapitel III.3).

3.1 Meta- Analysen

Unter Meta-Analysen versteht man quantitativ-empirische Langzeituntersuchungen, die die Ergebnisse zahlreicher Studien zusammentragen und sichten und aus deren Einzelergebnissen eine Synthese darzustellen versuchen. Mit Hilfe der Meta-Analysen soll die Wirksamkeit eines konkreten Faktors, die sogenannte

---

[21] Schleicher, Andreas: Im Gespräch. In: Bildungsmesse im Blick. Isernhagen: A.V.I. 2019, S.14.

[22] Vgl. meine Begriffsdefinition zu ‚digitaler Bildung' in Anmerkung 4.

[23] Lankau, Rolf: Digitale Heilsversprechen. Im Interview mit Meik Bruns. In: Bildung heute 2 (2019b), S.6 f.

[24] Vgl. Schaumburg: Empirische Befunde zur Wirksamkeit unterschiedlicher Konzepte, S.27 sowie Zierer, Klaus: Lernen 4.0. Pädagogik vor Technik. Möglichkeiten und Grenzen einer Digitalisierung im Bildungsbereich. 2. Auflage. Baltmannsweiler: Schneider 2018, S.41.

Effektstärke, ermittelt werden[25]. Die Effektstärke ist ein statistisches Maß, das die Bedeutsamkeit des Zusammenhangs zwischen zwei Faktoren angibt[26].

Die bekannteste Meta-Analyse ist die Studie „Visible Learning" des neuseeländischen Bildungswissenschaftlers John Hattie[27]. Hattie untersuchte vergleichend die Wirksamkeit mehrerer hundert Faktoren, die das schulische Lernen beeinflussen – von der Klassengröße über Tutoringsysteme bis hin zum Einsatz von PowerPoint sowie der Smartphone- und Laptopnutzung. „Visible Learning" stellte nach über 15-jähriger Recherche mit weit über 800 Meta-Analysen den bis dahin größten Datensatz der empirischen Bildungsforschung dar[28]. Hattie hat inzwischen die Datensätze kontinuierlich aktualisiert; die Neuauflage 2017 umfasst über 1400 Meta-Analysen, die auf rund 80 000 Einzelstudien mit geschätzten 300 Millionen Lernenden zurückgreifen[29]. In der Neuauflage 2017 beschäftigen sich 24 Faktoren mit digitalem Lernen, z.B. Digitalisierung beim Lesen, Digitalisierung beim Schreiben, Digitalisierung im Primarbereich, Digitalisierung im Sekundarbereich. 2008 waren es gerade sechs Faktoren – alleine das zeigt bereits die rasante Zunahme der Bedeutung der Digitalisierung[30].

Das Ergebnis fällt ambivalent aus: Es gibt durchaus einen Lernzuwachs, wenn das Lernen digital unterstützt wird – und zwar bei allen Faktoren. Insgesamt aber fällt der Ertrag eher bescheiden aus und bleibt in der Regel unter der durchschnittlichen Effektstärke von 0,40[31]. Dies betrifft überraschenderweise besonders

---

25 Vgl. Schaumburg: Empirische Befunde zur Wirksamkeit unterschiedlicher Konzepte, S.28 unter Bezug auf die Studie von Cohen. Cohen, Jacob: Statistical Power Analysis for the Behavioral Sciences. 2. Auflage. Hillsdale, NJ: Lawrence Erlbaum Associates 1988.

26 Hattie, John, Zierer, Klaus: Kenne deinen Einfluss! „Visible Learning" für die Unterrichtspraxis. 2. Auflage. Baltmannsweiler: Schneider 2017, S.28; dort auch mit genaueren methodischen Erläuterungen, z.B. zur notwendigen Größe untersuchter Gruppen sowie zur Umgehensweise mit Standardabweichungen.

27 Vgl. Hattie, John: Lernen sichtbar machen. Baltmannsweiler: Schneider 2013.

28 Vgl. Zierer, Klaus: Lernen 4.0. Pädagogik vor Technik. Möglichkeiten und Grenzen einer Digitalisierung im Bildungsbereich. 2. Auflage. Baltmannsweiler: Schneider 2018. S.42-44.

29 Vgl. Hattie, John, Zierer, Klaus: Kenne deinen Einfluss!, S. 26-37.

30 Vgl. Zierer, Klaus: Lernen 4.0. Pädagogik vor Technik, S.43. Vgl. auch die Auflistung der Faktoren und ihrer jeweiligen Effektstärke in: Hattie, John, Zierer, Klaus: Kenne deinen Einfluss!„ S. 195- 215.

31 „Dieser Wert stellt den Durchschnitt aller erhobenen Effektstärken dar und markiert in ‚Visible Learning' den Bereich der ‚erwünschten Effekte'. Er wird gemeinhin mit dem Lernzuwachs verglichen, der durchschnittlich in einem Schuljahr erzielt wird." Zierer, Klaus: Lernen

Digitalisierung in Mathematik oder Digitalisierung in den Naturwissenschaften, die eher als besonders „digitalisierungsaffin"[32] gelten. Sehr positive Effekte zeigen sich mit einer Effektstärke von 0,57 hingegen bei Lernenden mit besonderem Förderbedarf. Hier eröffnen z.B. Verfahren der Visualisierung für Taube sowie der Versprachlichung für Blinde erweiterte Formen der Teilnahme am Unterricht. Klaus Zierer: „Des Weiteren zählen zu diesem Faktor Interventionsprogramme, die Lernende mit besonderem Förderbedarf vor allem bei der Wissensaneignung und insofern auf den Ebenen der Reproduktion und Reorganisation unterstützen."[33]. Andere internationale Meta-Studien bestätigen die Feststellungen von Hattie. Es gibt leichte positive Lernzugewinne, insgesamt aber sind die Effekte relativ gering[34].

3.2 Tableteinsatz in Schule und Unterricht

Der Begriff iPad wird vielfach mit dem Lernen und Lehren mit Tablets gleichgesetzt. Dies hat mit Blick auf die Marktmacht des Unternehmens Apple gewiss seine Berechtigung, dennoch spreche ich in dieser Arbeit nur von Tablets, unabhängig vom Fabrikat, da sich der Markt durchaus inzwischen diversifiziert[35].

In Deutschland verlief die schulische Verbreitung von Tablets sehr schleppend, wie u.a. die ICILS-Studie 2013 aufzeigte – 6,5% des 8. Jahrgangs konnten zumindest punktuell Tablets nutzen – in Australien z.B. waren es 63,6%[36]. Selbst 2017 sind Tablets in der Schule noch eine Rarität, wie die JIM-Studie aufzeigte: Gerade einmal

---

4.0. Pädagogik vor Technik. 2018, S.45. Siehe dazu auch Schaumburg: Empirische Befunde zur Wirksamkeit unterschiedlicher Konzepte, S.29.

[32] Zierer, Klaus: Lernen 4.0. Pädagogik vor Technik, S.48.

[33] Ebd., S.61.

[34] Vgl. die Auflistung neuerer internationaler Meta-Analysen bei Schaumburg: Empirische Befunde zur Wirksamkeit unterschiedlicher Konzepte, S.30.

[35] Vgl. Welling, Stefan: Methods matter. Methodisch-methodologische Perspektiven für die Forschung zum Lernen und Lehren mit Tablets. In: Jasmin Bastian, Stefan Aufenanger (Hg.): Tablets in Schule und Unterricht. Forschungsmethoden und –perspektiven zum Einsatz digitaler Medien. Wiesbaden: Springer 2017, S.17.

[36] Vgl. Bos, Wilfried, Eickelmann, Birgit, Gerick Julia (Hg.): ICILS 2013 – Computer – und informationsbezogene Kompetenzen von Schülerinnen und Schülern in der 8. Jahrgangsstufe im internationalen Vergleich. Münster: Waxmann 2014, S.162.

ein Fünftel der Schülerinnen und Schüler im Alter von 12 bis 19 Jahren kam im Unterricht überhaupt einmal mit Tablets in Berührung[37].

Stefan Aufenanger stellt somit zu Recht fest, dass wegen der fehlenden Breite der Tabletnutzung und der relativ kurzen Zeit seit Einführung des iPads von Apple (2009) „noch keine längerfristigen Studien vorhanden sind"[38].

Insofern beziehen sich die empirischen Befunde zu einem beträchtlichen Teil auf subjektiv so empfundene Erfolgsberichte und Meinungsabfragen von Schulen zu ihrem Tableteinsatz. Teilweise beziehen sich die Erkenntnisse darüber hinaus nur auf relativ kurze Zeiträume von einigen Monaten bzw. nur auf einzelne Lerngruppen bzw. sogenannte Tabletklassen[39]. Auffällig ist die erfolgreiche Nutzung im Bereich der inklusiven Bildung, wie Studien im englischsprachigen Raum belegen[40]. Dies korrespondiert mit den Ergebnissen von Hatties Meta-Analyse, die beim Faktor „Digitalisierung bei Lernenden mit besonderem Förderbedarf" eine hohe Effektstärke nachweisen kann[41].

Es ist dennoch unverkennbar, dass die Popularität des Tablets in Schule und Unterricht kontinuierlich zunimmt und seit 2017 auch weiter zugenommen hat. Aufenanger (2017), Welling (2017) und Zylka (2018) stellen deutschsprachige Tablet-Projekte vor – wie zum Beispiel das der Alemannenschule Wutöschingen sowie eines Gymnasiums in Hamburg - und kommen jeweils zu dem vorläufigen Ergebnis, dass der Einsatz von Tablets in Schule und Unterricht „überwiegend erfolgreich" sei[42].

Die einschränkende Vokabel „vorläufig" bezieht sich darauf, dass „noch erheblicher Forschungsbedarf" bezüglich der „Auswirkungen" der „Nutzung von Tablets (und

---

[37] Medienpädagogischer Forschungsverband Südwest (Hg.): JIM 2017: Jugend, Information, (Multi-) Media. Basisstand zum Medienumgang 12- bis 19-jähriger in Deutschland. Stuttgart: 2018, S.52-54 und S.64.

[38] Aufenanger, Stefan: Zum Stand der Forschung zum Tableteinsatz in Schule und Unterricht aus nationaler und internationaler Sicht. In: Jasmin Bastian, Stefan Aufenanger (Hg.): Tablets in Schule und Unterricht. Forschungsmethoden und –perspektiven zum Einsatz digitaler Medien. Wiesbaden: Springer 2017a, S.120.

[39] Ebd., S.120-122.

[40] Ebd., S.121.

[41] s.o. Anmerkung 33.

[42] Aufenanger, Stefan: Zum Stand der Forschung zum Tableteinsatz in Schule und Unterricht S.126; siehe auch S.122-125. Ähnlich äußert sich Zylka: Digitale Schulentwicklung, S.8 und S.70-95.

anderen mobilen Endgeräten) auf schulisch konnotierte Lern- und Lehrkontexte" besteht und auch darüber, „welche Ausstattungskonzepte inklusive (medien-) pädagogischer und (medien-) didaktischer Konzepte am besten geeignet sind, die verschiedenen Kompetenzen der Heranwachsenden möglichst optimal zu fördern und Bildungsprozesse im Sinne der Veränderung von Selbst- und Weltreferenzen zu unterstützen"[43].

3.3 Gründe für die insgesamt geringen Effektstärken

Die Interpretation der empirischen Studien fällt sehr unterschiedlich aus. Es besteht nicht einmal Einigkeit darüber, ob die Nutzung digitaler Medien zu einem pädagogischen Mehrwert führt. Lankau als grundsätzlicher Kritiker der „digitalen Heilslehre" sieht in den aktuellen Forschungsergebnissen „kein klares Bild", zumal es „belastbare Vergleichsstudien" noch nicht gebe[44], während die anderen Interpreten der empirischen Studien eine „Verbesserung der Lerneffektivität" konzedieren, wenngleich mit eher geringen Effektstärken[45].

Die bisherigen Ergebnisse der empirischen Studien sind – so kann man zusammenfassend festhalten - eher enttäuschend. Die Gründe sind vielfältig: Die Studien können immer nur die Vergangenheit abbilden; die aggregierten Daten sind zum Zeitpunkt der Veröffentlichung in der Regel bereits ein paar Jahre alt, was bei einer so dynamischen Entwicklung, wie sie die Digitalisierung vollzieht, eine der größten Schwächen einer empirischen Erforschung der Lernwirklichkeit darstellt. Zu denken ist dabei an die sich seit 2016/2017 zunehmend verbessernde digitale Infrastruktur in den Schulen und vor allem auch an die allmählich steigende Motivierung und Qualifizierung der Lehrkräfte[46]. Die im Dezember 2016 beschlossene KMK-Strategie zur „Bildung in der digitalen Welt" hat diesen Prozess deutlich beschleunigt, insofern sich hier alle Bundesländer verpflichtet haben, sicherzustellen,

---

[43] Welling: Methods matter, S.18.

[44] Lankau, Rolf: Kein Mensch lernt digital. Über den sinnvollen Einsatz neuer Medien im Unterricht. Weinheim: Beltz 2017, S.21.

[45] Vgl. Schaumburg: Empirische Befunde zur Wirksamkeit unterschiedlicher Konzepte, S.38. Zu tendenziell ähnlichen Folgerungen gelangen unter anderem Welling, Aufenanger, Zylka, Hattie und Zierer.

[46] Vgl. Zierer, Klaus: Lernen 4.0. Pädagogik vor Technik, S.41 sowie zu den Einstellungen der Lehrpersonen Lorenz, Ramona: Ressourcen, Einstellungen und Lehrkraftbildung im Bereich Digitalisierung. In: Nele McElvany [u.a.] (Hg.): Digitalisierung in der schulischen Bildung. Chancen und Herausforderungen. Münster: Waxmann 2018, S. 53-67.

dass alle Schülerinnen und Schüler, die ab dem Schuljahr 2018/19 in die Sekundarstufe I übergehen, am Ende ihrer Pflichtschulzeit über die in der Strategie beschriebenen Kompetenzen verfügen[47].

Zu berücksichtigen ist auch, dass sich die meisten empirischen Arbeiten in „technik-zentrierte(r) Perspektive"[48] weitestgehend auf die Lernleistungen und die Lernwirksamkeit digitaler Medien fokussieren, statt die Lernwirksamkeit bestimmter Lehr-/Lernarrangements oder die Bedingungen des Lernens in den Blick zu nehmen. Genau dies unternimmt eine internationale Meta-Analyse von Sokolowski, Li und Willson[49].Diese Studie untersucht den Einsatz digitaler Medien im Mathematikunterricht im Rahmen des entdeckenden Lernens. Bei einem solchen problemorientierten und offenen Setting wurde eine signifikant hohe Effektstärke von 0.60 erzielt[50].

Dies zeigt, so schlussfolgert Schaumburg, „dass die Art und Weise der didaktischen Einbindung in den Unterricht entscheidend für die Lerneffektivität digitaler Medien ist und dass schülerzentrierte und konstruktivistische Ansätze hier ein größeres Potenzial aufweisen als die Einbindung in einen lehrerzentrierten Unterricht."[51].

Andere Möglichkeiten des Lernzuwachses, wie zum Beispiel die „Förderung von Schlüsselqualifikationen"[52], bleiben in den meisten empirischen Studien ebenfalls – so auch bei Hattie - ausgeblendet. Im Zuge der rasanten, alle Lebensbereiche umfassenden gesellschaftlichen Veränderungen nimmt jedoch der kompetente Umgang mit neuen Technologien und digitalen Informationen die Rolle einer Schlüsselkompetenz ein. Digitale Werkzeuge tragen zum

---

[47] Kultusministerkonferenz (2016): Bildung in der digitalen Welt. Strategie der Kulturministerkonferenz. https://www.kmk.org/fileadmin/Dateien/pdf/PresseUndAktuelles/2016/Bildung_digitale_Welt_Webversion.pdf (am 09.03.2019) vgl. Digitalisierung, S. 24 Quellenangabe; dazu ausführlich Eickelmann, Birgit: Digitalisierung in der schulischen Bildung. Entwicklungen, Befunde und Perspektiven für die Schulentwicklung und die Bildungsforschung. In: Nele McElvany [u.a.] (Hg.): Digitalisierung in der schulischen Bildung. Chancen und Herausforderungen. Münster: Waxmann 2018c, S.13-15.

[48] Schaumburg: Empirische Befunde zur Wirksamkeit unterschiedlicher Konzepte, S.32.

[49] Ebd., S.37 unter Bezug auf: https://stemeducationjournal.springeropen.com/articles/10.1186/s40594-015-0022-z 2015 (aufgerufen am 10.3.19).

[50] Ebd.

[51] Ebd.

[52] Ebd., S.28.

Erwerb überfachlicher Kompetenzen, insbesondere zum Erwerb von computer- und informationsbezogenen Kompetenzen bei[53].

---

[53] Vgl. Eickelmann, Birgit: Digitalisierung in der schulischen Bildung. Entwicklungen, Befunde und Perspektiven für die Schulentwicklung und die Bildungsforschung. In: Nele McElvany [u.a.] (Hg.): Digitalisierung in der schulischen Bildung. Chancen und Herausforderungen. Münster: Waxmann 2018c, S.18f.

4 Bedenken und Einwände gegen digitales Lernen in der Schule

In diesem Kapitel werden zentrale Bedenken und Einwände gegen das digitale Lernen dargestellt. Dabei sollen – exemplarisch - mit Manfred Spitzer und Rolf Lankau zwei prominente Fundamentalkritiker im Fokus stehen (Kapitel IV.1)[54]. Im Anschluss daran werden - unter Rückgriff auf Kapitel II - Parallelen zu der Kritik der 90er Jahre an der Hypertextstruktur aufgezeigt (IV.2). Daran schließt sich eine Zusammenfassung und Bewertung der Argumente an (IV.3).

4.1 Fundamentalkritik: Manfred Spitzer und Rolf Lankau

Manfred Spitzer, Professor für Psychiatrie und Gehirnforscher, ist einer der bekanntesten Kritiker der Digitalisierung. In zahlreichen Aufsätzen und vor allem in seinen Publikationen „Vorsicht Bildschirm!" sowie „Digitale Demenz"[55] sieht er in digitalen Medien – sei es Fernsehen, Computer oder Smartphone – besorgniserregende Entwicklungen. Er weiß natürlich auch, dass man sie nicht abschaffen kann; er sieht, dass digitale Medien Teil unserer Kultur sind, die Produktivität erhöhen und das Leben erleichtern[56]. Unter Hinweis auf seine eigenen Erfahrungen in der von ihm geleiteten Psychiatrischen Universitätsklinik Ulm sowie unter Bezugnahme auf den Jahresbericht der Suchtbeauftragten der Bundesregierung hebt Spitzer jedoch ihr hohes Suchtpotenzial hervor und verweist auf die Zunahme von computerspielsüchtigen und internetabhängigen Patienten[57].

Die Hoffnung, mit Hilfe eines forcierten Medieneinsatzes zu Lernfortschritten in den Schulen zu gelangen, habe sich in den vergangenen Jahrzehnten als trügerisch erwiesen, im Gegenteil, seines Erachtens verhindern Computer Bildungsfort-

---

[54] Lembke, Gerald, Leipner, Ingo: Die Lüge der digitalen Bildung. 3. Auflage. München: Redline 2015.

[55] Spitzer, Manfred: Vorsicht Bildschirm, Elektronische Medien, Gehirnentwicklung, Gesundheit und Gesellschaft. München: dtv 2006 sowie ders.: Digitale Demenz. Wie wir uns und unsere Kinder um den Verstand bringen. München: Droemer 2016.

[56] Vgl. Spitzer: Digitale Demenz, S.296.

[57] Ebd., S.7f. Spitzer bezieht sich auf den Jahresbericht 2012, in dem 1,4 Millionen der 14- bis 24-jährigen als problematische Internetnutzer identifiziert worden sind. Vergleiche dazu auch Lankau, der gleichfalls die gesundheitlichen Folgen der Bildschirmmedien herausstellt (Lankau, Rolf: Digitalisierung als De-Humanisierung von Schulen http://futur-iii.de/wp-content/uploads/sites/6/2019/01/dbt-kinderkommission_jan2016_textlankau.pdf (aufgerufen am 13.2.2019) 2019a, S.13f.

schritte junger Menschen; er bezeichnet sie als „Lernverhinderungsmaschinen"[58]. Spitzer verweist in diesem Zusammenhang unter anderem auf das Scheitern der einst umjubelten Sprachlabore und des programmierten Unterrichts in den 70er Jahren[59]. Unter Hinweis auf Erkenntnisse der Neurobiologie, speziell zur Gehirnforschung, betont Spitzer „die negativen Auswirkungen der digitalen Medien auf geistig-seelische Prozesse im evolutions- und neurobiologischen Rahmen"[60]. Er verweist auf Studien koreanischer Wissenschaftler (2007), die besonders bei jungen Menschen angesichts der hohen Informationsflut einen Verlust geistiger Leistungsfähigkeit bis hin zu Vergesslichkeit festgestellt haben[61]. Spitzer nennt dies in Anlehnung an das gleichnamige Krankheitsbild einen allmählichen geistigen Abstieg, die sogenannte „digitale Demenz"[62]. Spitzer begründet dies – über den Bereich der Schule hinaus – mit einer Vielzahl von Beispielen, wie etwa dem kritiklosen Umgang mit sozialen Netzwerken, geistlos-gewalttätigen Onlinespielen oder dem seines Erachtens unsinnigen Einsatz von Laptops im Kindergarten. All dies trage zum „Bildungsverfall" bei, da es zu digitaler Oberflächlichkeit und zu sozialer Vereinzelung[63] bzw. zu „sozialer Demenz"[64] führe Spitzer sieht in der seines Erachtens völlig verfehlten Digitaleuphorie eine Manipulation der Menschen durch die IT-Industrie, die es geschafft habe, weitgehend alle gesellschaftlichen Gruppierungen - auch Politiker aller Parteien – zu blenden und in ihrem kommerziellen Sinne zu beeinflussen[65]. Spitzer stellt zusammenfassend fest, dass die moderne Informationstechnik zu „oberflächlicherem Denken" führt, ablenkt und „unerwünschte Nebenwirkungen" nach sich zieht, „die von bloßen Störungen bis hin zu Kinderpornographie und Gewalt reichen"[66].

Rolf Lankau, Professor für Mediengestaltung und Medientheorie an der Hochschule Offenburg, unterstützt und verstärkt den gesellschaftskritischen Ansatz Spitzers, indem er das Dreieck aus Wirtschaftsinteressen, Stiftungen und Politik

---

[58] Spitzer: Digitale Demenz, S.91.
[59] Ebd., S.13f.
[60] Ebd.
[61] Vgl. Spitzer: Digitale Demenz, S.18.
[62] Ebd., S.19, S.42, S.52, S.60, S.293f. u.ö.
[63] Ebd., S.221.
[64] Lembke: Die Lüge der digitalen Bildung 2015.
[65] Vgl. Spitzer: Digitale Demenz, S.293-295.
[66] Ebd., S.95.

für die digitalen Feldversuche an Schülerinnen und Schülern verantwortlich macht. Digitaltechnik ist für ihn ‚Dataismus', da das gesamte menschliche Verhalten an Rechnern und smarten Geräten verdatet wird und danach den IT-Monopolen zur Verfügung steht.

Digitaltechnik ist für Lankau folglich eine Technik der Gegenaufklärung, deren materialistisches, vom neoliberalen digitalen Kapitalismus geprägtes Verständnis von Bildung unvereinbar mit einem humanistischen und demokratischen Menschenbild sei[67]. Lankau hebt unter Verweis auf die Schule als sozialem Schutzraum auch Datenschutzprobleme hervor, da die algorithmisch gesteuerten Anwendungen auf personenbezogenen Daten basieren und komplette Lern- und Persönlichkeitsprofile von Minderjährigen erstellen können. Seines Erachtens sollte man Schulen vom Netz nehmen, solange die rechtlichen Fragen im Zusammenhang mit der seit Mai 2018 geltenden Datenschutzgrundverordnung nicht verbindlich beantwortet sind und datenschutzrechtlich gültige Lösungen zur Verfügung stehen[68].

Der 2019 endgültig beschlossene ‚Digitalpakt Schule'[69] setzt falsche Prioritäten. Statt marode Gebäude zu modernisieren sowie neue Lehrkräfte einzustellen, richtet sich der Blick auf schnelles Internet, digitale Tafeln und Tabletklassen - für Lankau ein Irrweg und Beleg dafür, dass die IT-Wirtschaft und deren Lobbyverbände „die Deutungshoheit übernommen" haben[70]. Der Digitalpakt ist somit „Teil einer Neudefinition von Schule und Unterricht auf dem Weg zu einer automatisierten, digital gesteuerten ‚Lernfabrik 4.0' "[71]. Wie Spitzer, so versucht auch Lankau seine Sehweise mit einem Verweis auf die angeblich gescheiterte mediale Vergangenheit zu begründen. Er erinnert an die seines Erachtens blinde Computerbegeisterung der 80er Jahre, die letztlich laut der empirischen Studien die erhofften Lernzugewinne in Schule und Unterricht nicht gebracht hätten – für ihn ein Déjà-vu Erlebnis[72]. Lankau sieht durch die digitalen Medien auch die soziale Kluft vergrößert. Kinder aus bildungsfernen Schichten seien teilweise finanziell nicht in der Lage,

---

[67] Lankau: Kein Mensch lernt digital sowie ders.: Lankau, Rolf: Digitale Heilsversprechen. Im Interview mit Meik Bruns. In: Bildung heute 2 (2019b), S.4-7.

[68] Vgl. Lankau: Kein Mensch lernt digital, S.163f. sowie ders.: Digitalisierung als De-Humanisierung von Schulen, S.19f.

[69] Vgl. Lankau: Kein Mensch lernt digital, S.22-25.

[70] Lankau: Digitalisierung als De-Humanisierung von Schulen, S.3.

[71] Lankau: Kein Mensch lernt digital, S.25.

[72] Vgl. Lankau: Digitalisierung als De-Humanisierung von Schulen, S.3 und S.8-10.

einen Rechner zu kaufen, teilweise seien sie aber auch überdurchschnittlich gut mit Geräten versorgt; sie nutzen dies aber laut Studien nur zum Konsum und zum Entertainment. Oberflächliches Spielen am Rechner führe zu mangelndem Interesse am Lesen eines Buches sowie zu Defiziten bei lernförderlichen Verhaltensweisen wie Konzentration und Aufmerksamkeit[73]. Lernen am Bildschirm ist für Lankau individuiertes, sozial vereinzeltes Lernen; alle arbeiten isoliert und konditioniert ihr vorgegebenes Programm am Display ab. Er sieht die Gefahr, dass dadurch das Lernen im Klassenverband mit ausgebildeten Lehrkräften ersetzt wird und Lehrkräfte zu bloßen Lernbegleitern bzw. Lern-Coaches degradiert werden[74]. Die Lernenden beobachten nicht mehr die Lernbemühungen der anderen und können so nicht mehr aus deren Noch-Nicht-Können lernen; Interaktion und gegenseitiges Helfen finden nicht mehr statt. Digitalisierung steht insofern für „Entsozialisierung und Entsolidarisierung ursprünglich sozialer Einrichtungen wie Schulen und Hochschule"[75].

4.2 Parallelen zu der Kritik der 80er und 90er Jahre an der Hypertextstruktur

Interessanterweise spiegeln die Argumentationsmuster der Befürworter und der Gegner der digitalen Tools die Diskussion über die Nutzung von Hypertexten in den 80er und 90er Jahren. Einerseits findet sich die Hoffnung auf offenere, partizipative, demokratische Lernprozesse, andererseits werden Oberflächlichkeit, Desorientierung, Konzentrationsstörungen befürchtet und teilweise durch Studien auch indiziert. Bei der Kritik an Hypertext-/Hypermediasystemen wurden Probleme bei der Navigation in Hypertextbasen moniert – zum Beispiel der fehlende Überblick der Nutzer über den aktuellen „Standort" der eigenen Bearbeitung eines komplexen Hypertextdokuments im Hinblick auf das Gefüge der in der Hypertextbasis verknüpften Informationen[76]. Ganz ähnlich sehen die Kritiker der Nutzung digitaler Tools in Schule und Unterricht ebenfalls die Gefahr der Desorientierung und der Überforderung. Das digitale Lesen wird dem traditionellen linearen Lesen gegenübergestellt; es wird bezweifelt, dass das zunehmende digitale Lesen sich positiv

---

[73] Vgl. Lankau: Kein Mensch lernt digital, S.127f. sowie S.131f.

[74] Ebd.,S.100 f.

[75] Lankau: Digitalisierung als De-Humanisierung von Schulen, S.7.

[76] Vgl. Tergan: Hypertext und Hypermedia, S.108.

auf die Lesekompetenz auswirken würde[77]. Ein weiterer gemeinsamer Einwand ist die sogenannte Informationsüberschwemmung, die ein vertieftes Verstehen verhindere. Allenfalls Lernende mit adäquaten Lernvoraussetzungen könnten davon profitieren. Ohne begleitende Maßnahmen tutorieller Unterstützung seien verbesserte Ergebnisse nicht möglich[78]. Potenzielle positive Effekte der Hypermedien werden unter Hinweis auf empirische Befunde entweder geleugnet oder als allenfalls marginal eingeschätzt (vgl. Kapitel I und Kapitel III.1).

Allerdings hat sich die Argumentation der Kritiker radikalisiert. Es gab in den 90er Jahren und um die Jahrhundertwende zwar eine Reihe von kritischen Anmerkungen, aber nur wenige Autoren lehnten den Hypertext grundsätzlich ab[79]. Die atemberaubend schnell voranschreitende, alle Lebensbereiche umfassende Digitalisierung hat in ähnlich rasanter Weise zu einer Verschärfung der Kritik geführt, wie die vorgestellten Positionen von Spitzer und Lankau beispielhaft verdeutlichen. Die Digitalisierung wird nicht nur – so wie vor zwei Jahrzehnten die Hypermedien - mit Skepsis beobachtet, sondern verallgemeinernd als inhuman und undemokratisch identifiziert. Sie gilt den Mahnern als Nährboden für Cybermobbing, Datenmissbrauch, Entsolidarisierung, soziale und digitale Demenz.

4.3 Zusammenfassung und Bewertung

Die problematischen Begleiterscheinungen des digitalen Lernens werden zu Recht moniert. Der Einsatz von Tablets im Unterricht stellt kein Allheilmittel dar, schlechter Unterricht wird durch digitale Medien nicht besser – im Gegenteil, die Lehrkraft, die keinen gelingenden analogen Unterricht durchführen kann, wird bei der Nutzung digitaler Endgeräte erst recht scheitern.

Viele Schattenseiten der Digitalisierung sind unbestreitbar, wie zum Beispiel die zunehmende Internetsucht, Datenmissbrauch und Verstöße gegen die Datenschutzgrundverordnung, Cybermobbing, Gaming, *Fake News* in den sozialen Netzwerken und in der politischen Auseinandersetzung. Diese Begleiterscheinungen nur zu benennen und daraus geradezu apokalyptische Schlussfolgerungen zu

---

[77] Vgl. Hayles, N. Katherine: How We Read: Close, Hyper, Machine. In: ADE Bulletin 150 (2010), S.62.

[78] Vgl. Tergan: Hypertext und Hypermedia, S.106f. Tergan verweist hierbei auf empirische Untersuchungen.

[79] Vgl. Porombka, Stephan: Hypertext. Zur Kritik eines digitalen Mythos. München: Fink 2001.

ziehen, wie Lankau, Spitzer oder auch Lembke es machen, greift indes zu kurz. Michael Knothe hat in einem sehr instruktiven Aufsatz am Beispiel der Medienabhängigkeit dargelegt, dass es durchaus Möglichkeiten für eine erfolgreiche Behandlung und Prävention der Internetsucht gibt[80]. Jan Pfetsch und Anja Schultze-Krumbholz haben in ähnlich konstruktiver Weise Risikofaktoren, Interventionsmöglichkeiten und Präventionsmodelle von Cybermobbing in der Schule ausgearbeitet[81]. Ein weiteres immer wieder angeführtes Szenario besteht darin, dass künftig Algorithmen die Lernaufgaben für jede einzelne Schülerin und jeden einzelnen Schüler entwickeln, die diese dann Tag für Tag gemäß ihrer programmgesteuerten Unterweisung abarbeiten, dass also digitaler Drill gegenüber der Pädagogik dominiert und womöglich Lehrende und Lernende sogar wissen, was der jeweils Andere gerade denkt[82]. Vielfach wird in diesem Zusammenhang auf die Gesellschaften im asiatischen Raum verwiesen, in denen der Einzelne oft wenig zählt und die deshalb für die automatisierte und digital kontrollierte Zurichtung von Menschen besonders anfällig sind[83]. Dass aber digitales Lernen im Bildungsbereich nicht notwendigerweise in eine Unterwerfung unter technische Medien münden muss, zeigt der Bildungsforscher Olaf-Axel Burow unter Bezugnahme auf den Digitalpionier Jack Ma[84]. Burow betont unter Bezugnahme auf Immanuel Kant sowie pädagogische Reformer wie Célestin Freinet oder Maria Montessori, dass Werte, Überzeugungen, unabhängiges Denken gerade im Zeitalter der Digitalisierung „zu einer Renaissance der Werte der Aufklärung führen könnte", da „die Bedeutung von kritischer Urteilskraft, persönlicher Beziehung und Kreativität" zunehmen wird, sofern „ein kindgemäßes, personalisiertes und potenzialorientiertes Lernen in weitgehender Selbstbestimmung" erfolge [85]. Welche Voraussetzungen und Bedingungsfaktoren

---

[80] Knothe. Michael: Medienabhängigkeit/Internetsucht. Neuer Wein in neuen Schläuchen oder Next Generation Sucht? In: Nele McElvany [u.a.] (Hg.): Digitalisierung in der schulischen Bildung. Chancen und Herausforderungen. Münster: Waxmann 2018, S.89-98.

[81] Pfetsch, Jan, Schultze-Krumbholz, Anja: Cyberbullying als Herausforderung für Schulen. In: Nele McElvany [u.a.] (Hg.): Digitalisierung in der schulischen Bildung. Chancen und Herausforderungen. Münster: Waxmann 2018, S. 69-88.

[82] Jungkamp, Burkhard: Befreiung aus der digitalen Unmündigkeit? Die digitale Gesellschaft und die Rolle der Bildung, in: SchulVerwaltung Nordrhein-Westfalen 2 (2018), S.36-39.

[83] Vgl. Burow, Olaf-Axel (Hg.): Schule digital - wie geht das? Wie die digitale Revolution uns und die Schule verändert. Weinheim: Beltz 2019, S.14 sowie Lankau: Kein Mensch lernt digital, S.138-140.

[84] Ma, Jack: Bildung der Zukunft: https://www.youtube.com/watch?v=CvBmRKqvz58 (abgerufen am 02.03.19)

[85] Burow: Schule digital – wie geht das?, S.18.

für die Entdeckung des virtuellen Raums im Kontext von Schule und Unterricht gegeben sein müssen, um die angebotenen Medien so einzusetzen, dass sie die Ziele
der pädagogischen Aufklärung unterstützen, soll im nächsten Kapitel erörtert werden.

5 Gelingens- und Misslingensbedingungen für digitalen Unterricht

Zunächst sollen einige Beispiele für ein Scheitern des tabletgestützten Unterrichts skizziert und erläutert werden. In einer Realschule in Ravensburg schien es günstige Startbedingungen zu geben – ein motiviertes Lehrerkollegium, ein umfänglicher Medienentwicklungsplan, eine strukturiert vorgehende Schulleitung. Doch fünf Jahre später war von Aufbruchsstimmung nichts mehr zu sehen; die wenig benutzten Geräte liegen nun in der Ecke eines Klassenzimmers.

Weshalb misslang das Projekt? Die WLAN- Infrastruktur war mangelhaft, die technischen Probleme konnten auch nach mehreren Jahren nicht behoben werden. Darüber hinaus waren die finanziellen Ressourcen so knapp, dass die jeweiligen Fachschaften der Schule Einsparungen in ihrem ohnehin kleinen Etat vornehmen mussten, um informationstechnische Anschaffungen tätigen zu können[86]. In anderen Fällen wurden euphorisch eine Reihe von iPads angeschafft und Tabletklassen eingerichtet, ohne zuvor zu klären, wie der Unterricht mit Tablets aussehen soll. Auch die Lehrerinnen und Lehrer wurden nicht systematisch auf das Lernen mit Tablets vorbereitet. Darüber hinaus fehlten, zum Beispiel in den Steve-Jobs-Schulen in den Niederlanden, ausreichende Ressourcen für die jährlichen Technik- und Softwarekosten. Ein großer Teil der dabei beteiligten Schulen ist von dem Tabletkonzept wieder abgerückt[87]. Die Gründe für die Enttäuschungen gleichen sich: überhastete Einführung, fehlende medienpädagogische Konzepte, Mangel an technischen und finanziellen Ressourcen, zu wenige digitalkompetente Lehrkräfte.

Insbesondere die eher skeptische Haltung einer großen Anzahl von Lehrkräften stellt einen entscheidenden Misslingensfaktor dar. Empirische Befragungen von Lehrkräften zeigen, dass andere schulische Herausforderungen wie Inklusion, Ganztagsausbau oder die aufwändige Unterstützung lernschwacher Schülerinnen und Schüler häufig als vorrangig betrachtet werden und man bei der Digitali-

---

[86] Vgl. Zylka, Johannes: Digitale Schulentwicklung: Das Praxisbuch für Schulleitung und Steuergruppen. Weinheim: Beltz 2018, S.85-87.

[87] https://www.sueddeutsche.de/bildung/2.220/digitalisierung-das-tablet-ist-nur-mittel-zumzweck-1.3943993 - aufgerufen am 25.02.19

sierung am liebsten den „Stoppknopf" drücken würde[88]. Manche Lehrkräfte sehen die Schule als „Schutzraum" gegenüber der digitalisierten Kommunikation und lehnen – ähnlich wie Spitzer, Lankau und teilweise auch Zierer – und „lehnen die Intensivierung der Nutzung digitaler Medien in der Schule über ein gewisses Basisniveau hinaus ab."[89].

Ganz anders fallen die Ergebnisse zur Lerneffizienz digitaler Medien aus, wenn die Misslingensfaktoren reduziert oder sogar ausgeschaltet werden und lernförderliche Bedingungen vorhanden sind. In einer Metastudie an der Technischen Universität München zum Thema „Digitale Medien im mathematisch-naturwissenschaftlichen Unterricht der Sekundarstufe", die 79 Einzeluntersuchungen berücksichtigte, kommen Kristina Reiss und ihre Mitautoren zu dem Ergebnis, dass „der Einsatz digitaler Unterrichtsmedien über alle untersuchten Unterrichtsfächer Mathematik, Physik, Biologie und Chemie hinweg insgesamt als gewinnbringend bezeichnet werden kann"[90]. Besonders interessant ist dabei, dass vergleichend auch Klassen hinzugezogen wurden, die analog unterrichtet wurden. Im direkten Vergleich zeigte sich, dass „Schülerinnen und Schüler aus Klassen, in denen mit digitalen Unterrichtsmedien gearbeitet wurde, durchweg bessere Ergebnisse in den durchgeführten Leistungstests erzielten"[91]. Der positive Effekt wird laut den Münchner Forschern durch das Vorhandensein günstiger Faktoren verstärkt:

- Digitale Medien werden ergänzend zu traditionellen Unterrichtsmaterialien verwendet; sie wirken sich gewinnbringend auf das Lernen der Schülerinnen und Schüler aus, sofern es eine stimmige und situationsadäquate Mischung zwischen analogem und digitalem Lernen gibt.

- Die Lehrkraft hat Schulungen im Bereich des E-Learnings absolviert und steuert abwechslungsreich den Prozess; sie gibt den Lernenden bei der Verwendung des digitalen Mediums Unterstützung. Eine zentrale Voraussetzung für das Gelingen des Unterrichts ist das Vorhandensein von

---

[88] Dräger, Jörg, Müller-Eiselt, Ralph: Gestalten statt Verhindern. Die Chancen der digitalen Bildungsrevolution. In: Olaf-Axel Burow (Hg.): Schule digital – wie geht das? Wie die digitale Revolution uns und die Schule verändert. Weinheim: Beltz 2019, S.86.

[89] Welling: Methods matter, S.21.

[90] Hillmayr, Delia, Reinhold, Frank, Ziernwald, Lisa, Reiss, Kristina: Digitale Medien im mathematisch-naturwissenschaftlichen Unterricht der Sekundarstufe. Einsatzmöglichkeiten, Umsetzung und Wirksamkeit. Münster: Waxmann 2017, S.9.

[91] Ebd.

Motivation und Expertise der Lehrerinnen und Lehrer im Umgang mit digitalen Medien.

- Die Schülerinnen und Schüler haben die Gelegenheit, kooperativ zu arbeiten und sich in Paaren bzw. in Kleingruppen auszutauschen. Kommunikation ist ein wichtiger Punkt beim Arbeiten mit digitalen Medien[92].

Der Hinweis auf die vielfältigen Möglichkeiten des kooperativen Lernens zeigt, dass die verallgemeinernden Mahnungen von Kritikern wie Spitzer oder Lankau, der Einsatz von Tablets führe zu Vereinzelung und untergrabe das gemeinsame Lernen in der Gruppe, zu vereinfachend sind. Richtig eingesetzt können die Lernenden mit ihnen kollaborativer lernen und sich gemeinsam interagierend Wissen aneignen. Über Online Plattformen wie *Padlet* zum Beispiel können alle Schülerinnen und Schüler über das individualisierte Lernen hinaus jederzeit aktiv mitarbeiten, voneinander lernen und so sekundäre Lerneffekte generieren; alle haben jederzeit Zugriff auf die gemeinsam erstellten Ergebnisse (siehe dazu auch Kapitel VI.3).

Die Münchner Metastudie hat bereits eine Reihe wichtiger Voraussetzungen für einen gelingenden Einsatz der digitalen Endgeräte herausgearbeitet. Dazu zählt eine kompakte und stabile digitale Infrastruktur, wie das gescheiterte Tabletprojekt der Realschule Ravensburg exemplarisch zeigt. Wichtig ist, dass die Digitalausstattung stetig gepflegt, in Stand gehalten und weiter ausgebaut wird[93].

Zu ähnlichen Ergebnissen kommt die Metastudie der Universität Hamburg[94]. Die zentrale Rolle der Lehrpersonen wird hier – wie in allen empirischen Studien – herausgestellt (*Teaching and teachers matter*). Nur wenn sie anregungs- und gehaltvolle digitale Lernprozesse unterstützen, kann es positive Lerneffekte geben. Die Lehrpersonen sind bei allen aktuellen Veränderungen „mitzunehmen". Ziel muss es sein, „ihre Expertise, Einstellungen und Vorerfahrungen einzubeziehen und ihre Kompetenzen gezielt zu erweitern"[95]. Sofern sich die Schule und ihre Lehrkräfte als lernende Institution verstehen, wird sich die Zahl der aktiv und profes-

---

[92] Ebd., S.10-17 sowie Burow: Schule digital – wie geht das? S.29.

[93] Vgl. Universität Hamburg: Abschlussbericht und Evaluation zum digitalen Einsatz in Modellschulen in Schleswig-Holstein. https://www.ew.uni-hamburg.de/ueber-die-fakultaet/personen/gerick/_files/abschlussbericht-evaluation-modellschulen-gerick-eickelmann-feb2017.pdf, S.111 (abgerufen am 26.02.2019).

[94] Ebd.

[95] Eickelmann, Birgit: Kompetenzen in der digitalen Welt. Konzepte und Perspektiven. Berlin: Friedrich-Ebert-Stiftung 2017b, S.97.

24

sionell mit Tablets arbeitenden Lehrkräfte durch interne und externe Fortbildungen stetig erweitern.

In diesem Zusammenhang stellt die aktive Rolle der Schulleitungen als „Macht-, Prozess- und Fachpromoter"[96] eine weitere herausragende Gelingensbedingung dar. Die Schulleitungen mit ihrer hierarchischen Stellung haben eine „Vordenkerrolle"[97] und haben die Aufgabe, Veränderungsprozesse zukunftsorientiert auf der Ebene der Einzelschule zu gestalten. Ihre Aufgaben als Prozesspromotoren „beziehen sich auf die Vorbereitung, Moderation und Steuerung von Schul- und Unterrichtsentwicklungsprozessen, die das Lehren und Lernen mit digitalen Medien" ausgestalten[98].

Unter anderem ist es Aufgabe der Schulleitungen, sicherzustellen, dass ihre Schule mit einem ausgearbeiteten und stetig weiterentwickelten Medienkonzept über

pädagogischen Perspektiven für die eigene Schule verfügt. Eine Verankerung des Lehrens und Lernens auf der Organisationsebene ist notwendig, um möglichst viele Lehrkräfte bei den Digitalisierungsprozessen mitzunehmen.

Die Schulleitung sollte darüber hinaus – über den Blick auf die Einzelschule hinaus - regionale Netzwerke strukturell fördern bzw. eventuell sogar initiieren, im Kontext der Personalentwicklung Fortbildungsgelegenheiten für Kolleginnen und Kollegen sowie Initiativen zur Professionalisierung anregen und unterstützen, sowohl mit Fokus auf die Entwicklung der eigenen Medienkompetenz als auch mit Fokus auf die fachliche Nutzung digitaler Medien[99].

Im Rahmen einer professionellen, mittel- und langfristig angelegten Schulentwicklung kann digitales Lernen nicht nur ein wünschenswertes *Add-on* sein bzw. bleiben. Digitale Entwicklung ist vielmehr auf eine Ebene mit Personalentwicklung, Organisationsentwicklung, Unterrichtsentwicklung zu stellen. Die nachhaltige und konsequente Berücksichtigung der Digitalisierungsprozesse als viertes Element der Schulentwicklung ist für die Zukunft der Schulstandorte unabweisbar. Zylka

---

[96] Ebd., S.98.

[97] Eickelmann, Birgit, Gerick, Julia: Herausforderungen und Zielsetzungen im Kontext der Digitalisierung von Schule und Unterricht (III). Neue Aufgaben für die Schulleitung. In: SchulVerwaltung Nordrhein-Westfalen 5 (2018a), S.138.

[98] Ebd.

[99] Vgl. Universität Hamburg: Abschlussbericht und Evaluation zum digitalen Einsatz in Modellschulen in Schleswig-Holstein, S.111.

spricht deshalb von dem „Vier-Wege-Modell der digitalen Schulentwicklung" und erläutert instruktiv die wechselseitigen Beziehungen der vier Bereiche an mehreren Beispielen[100].

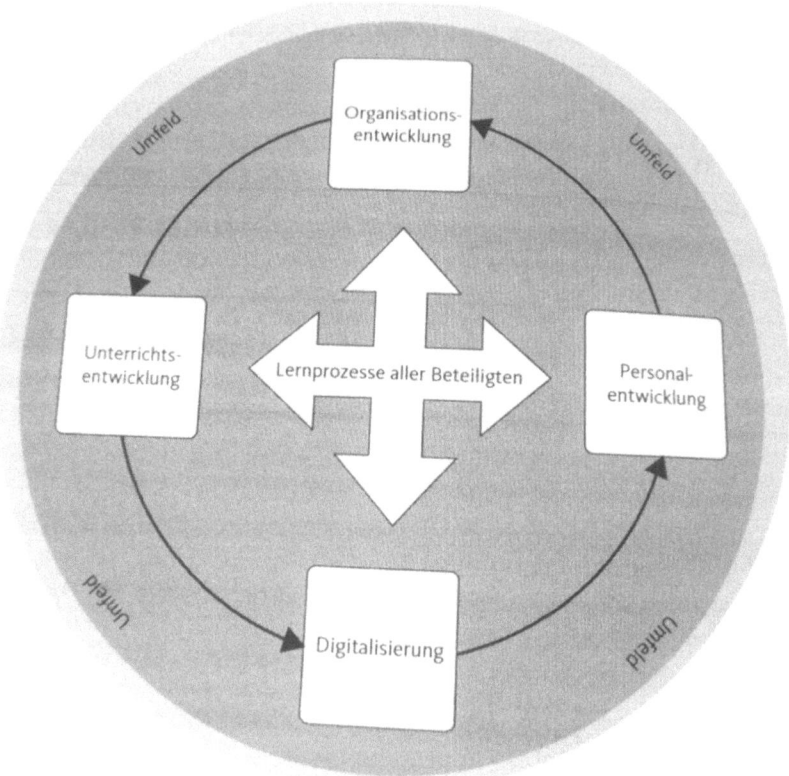

Das Schaubild verdeutlicht die wechselseitigen Verzahnungen:

Das Vier-Wege-Modell der Schulentwicklung nach Zylka: Digitale Schulentwicklung Die Partizipation aller Gruppen der Schulgemeinde (Schülerinnen und Schüler, Lehrerinnen und Lehrer, Eltern) stellt einen weiteren wichtigen Faktor dar. Alle

---

[100] Zylka: Digitale Schulentwicklung, S.44. Dort finden sich auch mehrere Beispiele (Ebd., S.44-48). Unter anderem zeigt er die wechselseitige Verschränkung der vier Ebenen am Beispiel der Etablierung eines zusätzlichen Informatikangebots. Zylka greift dabei auf das Drei-Wege-Modell von Rolff zurück und erweitert es um den Bereich Digitalisierung. Vgl. Rolff, Hans-Günther: Schulentwicklung kompakt. Modelle, Instrumente, Perspektiven. 3. Auflage. Weinheim: Beltz 2016.

Gruppen sollten in Planungs-, Durchführungs- und Reflexionsprozesse eingebunden sein, um die Implementierung digitaler Prozesse zu erleichtern. Die Schülerinnen und Schüler verfügen über personalisierte digitale Endgeräte, die sie im günstigsten Fall kostenlos zur Verfügung gestellt bekommen. Wenn dies nicht realisierbar ist, dann sollte der Elternbeitrag - wie bei der Alemannenschule (vgl. Kapitel VI.2) möglichst niedrig bleiben. Eine Eins-zu-eins-Ausstattung mit Tablets oder anderen digitalen Endgeräten ist eine sehr hilfreiche Ausgangslage (vgl. Kapitel VI.3), da sich dabei individuelles und kooperatives Lernen bestmöglich miteinander verbinden lassen.

Ein letzter wesentlicher Faktor ist die Evaluation. Die digitalen Entwicklungsschritte sollten durch ein Evaluationsteam regelmäßig ausgewertet und kritisch hinterfragt werden. Evaluation kann so der „Motor der Entwicklung" sein, weil sie die pädagogischen und didaktischen Ansätze auf den Prüfstand stellt[101].

Die Schule der Zukunft ist ständig auf dem Weg zu weiteren Verbesserungen bzw. zu neuen Entwicklungsvorhaben, denn nichts ist so schnelllebig wie der digitale Fortschritt.

Alle Gelingensfaktoren werden sich derzeit kaum an einer Schule optimal realisieren lassen. Sie stellen aber eine Orientierungshilfe und eine Zielrichtung dar, die mithelfen kann, die Herausforderungen des digitalen Lernens - unter Berücksichtigung der Risiken - insgesamt positiv zu gestalten. Im folgenden Kapitel wird an einigen Anwendungsbeispielen gezeigt, wie engagiert und wie erfolgreich sich Einzelschulen auf den Weg gemacht haben.

---

[101] Pallack, Andreas, Radzimski-Coltzau: Digitale Medien: Eine Chance für Schulentwicklung am Beispiel des Franz-Stock-Gymnasiums (FSG). In: Nele McElvany [u.a.] (Hg.): Digitalisierung in der schulischen Bildung. Chancen und Herausforderungen. Münster: Waxmann 2018, S.117.

6 Einblicke und Hintergründe zum Lernen an Schulen der Zukunft

6.1 Franz-Stock-Gymnasium Arnsberg

Es gibt derzeit noch wenige umfängliche Erfahrungsberichte von Schulen, die digitale Medien flächendeckend einsetzen. Ein Beispiel ist das Franz-Stock-Gymnasium in Arnsberg, das im Rahmen seines Medienkonzepts auf BYOD (bring your own device) setzt. Die Nutzung der schülereigenen Geräte wird durch eine optimierte technische Ausstattung der Unterrichtsräume flankiert, um die Rahmenbedingungen für eine höhere Eigenaktivität der Lernenden zu schaffen [102]. Didaktisches Fundament ist die integrative, curricular abgesicherte Anwendung der drei Kerngebiete Mediendidaktik (didaktisch geeignete Gestaltung und methodisch wirksame Verwendung von Medien), Medienkunde (Vermittlung von Kenntnissen über Medien) und Medienerziehung (Erziehung zu einem bewussten, reflektierten, kritischen Umgang mit Medien)[103]. Neben medienkundigen Kolleginnen und Kollegen und schulinterner Fortbildungsarbeit für die Lehrkräfte setzt die Schule auf Medien-Scouts in der Schülerschaft, die sie in Workshops ausbildet. Pro Jahr und Klasse stehen zwei solcher Medien-Scouts zur Verfügung, die ihrer eigenen Peergruppe, aber auch den unterrichtenden Kolleginnen und Kollegen unterstützend zur Seite stehen[104]. Eine weitere partizipative Schüleraktivierung stellen die MedienCounselors dar, die ihre Mitschülerinnen und Mitschüler im Hinblick auf rechtliche und emotionale Aspekte beraten und die zuvor ebenfalls von der Schule ausgebildet worden sind[105]. Evaluation wird als systematische Kommunikation verstanden, die im Dreijahresrhythmus erfolgt und die dazu beitragen soll, das Medienkonzept immer wieder zu flexibilisieren, der technischen Entwicklung anzupassen und ein kritisches Umgehen mit der schönen neuen digitalen Welt zu fördern[106].

---

[102] Ebd., S.113-117.

[103] Ebd., S.115. Zur Grundsatzkritik an dem BYOD-Konzept, das er als „bildungspolitischen Offenbarungseid" ablehnt, siehe unter anderem die Ausführungen von Lankau (Kein Mensch lernt digital, S.136).

[104] Vgl. Pallack, Radzimski-Coltzau: Digitale Medien: Eine Chance für Schulentwicklung, S.116.

[105] Ebd.

[106] Ebd.

6.2 Gemeinschaftsschule Alemannenschule Wutöschingen

Der Schulentwicklungsplaner Johannes Zylka hat in seinem Praxisbuch „Digitale Schulentwicklung" einige andere gelingende Beispiele vorgestellt[107]. Besonders eindrücklich sind die Berichte aus der Alemannenschule Wutöschingen im Südschwarzwald, die Zylka als Schulentwicklungsplaner begleitet.

Im Unterschied zum Franz-Stock-Gymnasium setzt die Alemannenschule auf eigene Tablets für alle Schülerinnen und Schüler (derzeit für über 95%). Dank Unterstützung der Gemeinde Wutöschingen beträgt der Elternanteil pro iPad nur zwölf Euro pro Monat bei einer Laufzeit von drei Jahren, inclusive Software und Versicherungen; er ist somit relativ gering[108]. In mehrmonatigen Abständen finden Workshops für die Kolleginnen und Kollegen statt, um ihnen Zeit zu geben, sich mit den Geräten auseinanderzusetzen und sie lernförderlich nutzen zu können. Die Leitungsgruppe entwickelte in der Folge einen iPad-Leitfaden für Eltern, ein App-Curriculum für alle Jahrgangsstufen sowie iPad-Regeln für die Schülerinnen und Schüler[109].

Die Tablets sind auf *„individueller* und *unterrichtlicher* Ebene" ein „alltägliches Werkzeug", ohne das der Zugang zu den Lernmaterialien und zur Lernplattform *Digitale Lernumgebung* für Lehrende und Lernenden inzwischen nicht mehr möglich ist[110]. Die Evaluationen tragen dazu bei, den unterrichtlichen Entwicklungsprozess zu reflektieren und zu dynamisieren. Da die Schule schon früh (2014) die erste prozessbegleitende Evaluation durchgeführt hat, lassen sich die Erfolge im Dreijahresvergleich gut messen. Im Vergleich zwischen den Evaluationen in den Jahren 2014 und 2017 zeigen sich deutlich höhere Einsatzzeiten der Tablets im schulischen Alltag sowie höhere Kompetenzen der Schülerinnen und Schüler auf instrumentell-qualifikatorischer Ebene[111]. Der häufig vorgebrachte Einwand, die Nutzung der digitalen Medien führe zum Niedergang des analogen Mediums Buch, bestätigt sich nicht. Im Gegenteil, die Beliebtheit des Lesens von Büchern hat sich zwischen 2014

---

[107] Vgl. Zylka: Digitale Schulentwicklung, S.70-95.

[108] Vgl. Zylka, Johannes: Erfolgreich Tablet Computer in den Schulalltag implementieren. In: Olaf-Axel Burow (Hg.): Schule digital - wie geht das? Wie die digitale Revolution uns und die Schule verändert. Weinheim: Beltz 2019, S.154.

[109] https://www.alemannenschule-wutoeschingen.de/ (abgerufen am 10.3.19).

[110] Zylka: Erfolgreich Tablet Computer in den Schulalltag implementieren, S.156.

[111] Ebd., S.157-162.

und 2017 „eher positiv verändert"[112]. Dies bestätigt, was auch schon die Münchner Studie aufgezeigt hat[113], dass es nicht um ein ununterbrochenes Nutzen der Tablets geht, sondern um einen *möglichen* Zugang. Entscheidend ist, ob sich die zu vermittelnden Inhalte eher für analoge oder digitale Zugänge eignen[114]. Flankiert werden die medialen Innovationen der Alemannenschule durch flexible Lehr-/Lernumgebungen in einer veränderten räumlichen Gestaltung, die selbstständiges und projektorientiertes Arbeiten ermöglicht. Die Klassenzimmer wurden durch drei Kernelemente ersetzt: Input-Räume für fachliche Inputs, Lernateliers, in denen individuell gearbeitet wird, sowie der sogenannte Marktplatz, ein großer Raum, der in Lerninseln unterteilt ist und den Schülerinnen und Schülern die Möglichkeit gibt, gemeinsam zu arbeiten[115].

6.3 Europaschule Otto-Hahn-Gymnasium Monheim

Die Europaschule Otto-Hahn-Gymnasium in Monheim am Rhein ist ein siebenzügiges Gymnasium mit 1420 Schülerinnen und Schülern (Stand: Februar 2019). 2011 wurde die Schule bei der Qualitätsanalyse in Nordrhein-Westfalen als beste Schule des Landes beurteilt. 2019 wurde das Otto-Hahn-Gymnasium beim Deutschen Schulpreis der Robert-Bosch-Stiftung zu einer TOP 50 Schule gewählt.

Die Schule verfügte schon 2014 über sehr gute Voraussetzungen für einen flächendeckenden Tableteinsatz: Der Medienentwicklungsplan befand sich in ständiger Aktualisierung,[116] alle Unterrichtsräume waren mit Beamer und interaktivem Smartboard ausgestattet. Zwei besonders technikaffine und engagierte Fachlehrer überzeugten den Schulleiter und danach auch den Bürgermeister, flächendeckend Tablets als Fortführung und Erweiterung des bereits bestehenden Medienkonzepts einzuführen. Das Projekt begann mit personalisierten Tablets im Schuljahr 2015/2016 in zwei Klassen der Jahrgangsstufe 5. In der Folge wurde das Projekt mehrfach evaluiert, zügig ausgeweitet und inzwischen (2019) sind alle

---

[112] Ebd., S.160.

[113] Vgl. Hillmayr, Delia, Reinhold, Frank, Ziernwald, Lisa, Reiss, Kristina: Digitale Medien im mathematisch-naturwissenschaftlichen Unterricht der Sekundarstufe. Einsatzmöglichkeiten, Umsetzung und Wirksamkeit. Münster: Waxmann 2017. Siehe oben Kapitel 5.

[114] Vgl. Zylka: Erfolgreich Tablet Computer in den Schulalltag implementieren, S, 162f.

[115] Ebd., S.151f.

[116] http://ohg.monheim.de/component/jdownloads/send/1-root/800-medienkonzept.html (abgerufen am 10.3.19).

Schülerinnen und Schüler der Schule ebenso wie die Lehrkräfte mit personalisierten Tablets ausgestattet[117]. Die Evaluationen wurden von einem Dozenten der Universität Essen-Duisburg wissenschaftlich begleitet und ausgewertet.

Die Rahmenbedingungen in der Mittelstadt Monheim am Rhein (42 000 Einwohner) sind vorzüglich. Die Stadt ist schuldenfrei, die Mehrheitsfraktion (PETO) ist eine Jugendpartei, die zusammen mit dem Bürgermeister das ambitionierte und visionäre Ziel „Hauptstadt für Kinder" verfolgt. Der Schulträger übernahm die Kosten für die Multimediageräte, stellte sie kostenlos zur Verfügung, sorgte für die technische Infrastruktur mit einem stabilen WLAN und sicheren Lernplattformen, stattete alle Räume mit Apple-TV aus und kaufte die erforderlichen Lizenzen[118]. Die Tablets werden personalisiert verteilt, um Sicherungs- und Verwaltungsprobleme sowie das Diebstahlrisiko zu minimieren[119]. Die sonst üblichen Einschränkungen, wie etwa eine mehr oder weniger hohe finanzielle Beteiligung der Elternschaft oder Tablets nur für einige ausgewählte Klassen, sind nicht vorhanden. Lernzeitverluste durch das Hin- und Hertragen von Klassensätzen von einem abschließbaren Schrank ins Klassenzimmer und hinterher wieder zurück treten nicht auf. Die Schülerinnen und Schüler können die Geräte für Hausaufgaben oder auch für private Zwecke am Nachmittag verwenden. (Jugend-) Gefährdende Webseiten werden vom städtischen Administrator gesperrt. Da die Tablets personalisiert sind, achten die Schülerinnen und Schüler dementsprechend mehr auf ihr eigenes Gerät und behandeln dieses angemessen. Sie bringen, entsprechend einer schriftlichen Vereinbarung mit der Schule, ihr Tablet jeden Morgen einsatzbereit zum Unterricht mit. Um den Support zu verbessern, die Lehrkräfte zu entlasten und Lernzeitverluste zu verhindern, steht den Schülerinnen und Schülern zweimal pro Woche in den großen Pausen und nach Unterrichtsschluss jeweils ein städtischer IT-Mitarbeiter zur Verfügung. Dieses Angebot wurde (und wird) sehr intensiv wahrgenommen. Um Elternbedenken aufzugreifen, finden halbjährlich Elternabende nur zum

---

[117] Zur Begründung für die Entscheidung für Apple-Geräte vgl. das Interview mit dem Projektleiter, Studiendirektor Martin Kaiser, in Anlage 1.

[118] Zur Wichtigkeit einer funktionierenden digitalen Infrastruktur vgl. Lorenz, Ramona und Endberg, Manuela: IT-Ausstattung der Schulen der Sekundarstufe I im Bundesländervergleich und im Trend von 2015 bis 2017. In: Ramona Lorenz [u.a.] (Hg.): Schule digital – der Länderindikator 2017, Münster 2017, S.49-83.

[119] Ein weiterer wichtiger Kostenfaktor sind die Lizenzzahlungen, welche teils vom Schulträger, teils von dem schulischen Förderverein getragen werden. Da alle Schülerinnen und Schüler ein personalisiertes Gerät bekommen, müssen diese entsprechend versichert sein. Die Apple Care+ Versicherung bietet telefonischen Support für Lehrkräfte und zusätzlichen Hardwareschutz für 24 Monate, sowie zwei kostenlose Reparaturen bei unabsichtlicher Beschädigung.

Umgang mit Tablets statt, die zwei Lehrkräfte der Leitungsgruppe organisieren und leiten. Bedenken lassen sich nur durch gelebte Praxis ausräumen. Die Eltern sahen im Laufe der Zeit beispielsweise, dass der iPad-Einsatz tatsächlich nur ein zusätzliches Unterrichtsmedium darstellte und keineswegs in jeder Stunde digital gearbeitet wird. Sie nehmen auch wahr, dass natürlich weiterhin mit der Hand geschrieben wird und auch weiterhin im Deutsch- oder Englischunterricht Bücher gelesen werden. Sie realisieren, dass der Einsatz von Tablets die Medienkompetenz ihrer Kinder verbessert, insofern sie merken, dass digitale Medien nicht nur zum Spielen oder für soziale Netzwerke genutzt, sondern auch einen inhaltlichen Mehrwert darstellen können.

Im Unterschied zur Alemannenschule gestaltete sich die Motivierung und Qualifizierung der Lehrkräfte als die wohl größte Herausforderung, wie auch der Projektleiter Martin Kaiser im Interview ausführt[120]. Mit ihm habe ich ein ausführliches Interview geführt, das in der Anlage 1 unbearbeitet als Transkript hinterlegt ist. Herr Kaiser gibt einen vertieften Einblick in die Genese und die Ziele der digitalen Pionierarbeit, erläutert den Mehrwert der digitalen Medien sowie die Wichtigkeit der internen digitalen Fortbildung der Lehrerinnen und Lehrer. Er vermittelt so einen lebendigen Eindruck von den Denk- und Entwicklungsprozessen innerhalb der Schule.

Das Leitungsteam ging sehr behutsam vor und erweiterte den Kreis von zwei Projektleitern um die sogenannte Zwei-plus-Vier-Gruppe (2 Projektleiter plus 4 Kolleginnen und Kollegen mit unterschiedlichen Fächerkombinationen) als Multiplikatoren. Den Projektkoordinatorinnen und Projektkoordinatoren war ebenso wie der schulischen Steuergruppe klar, dass die Lehrpersonen der Dreh- und Angelpunkt der medialen Innovationen sind. Für Lehrerinnen und Lehrer gibt es (bereits seit 2015) neben dem Pädagogischen Tag das Angebot der sogenannten Kurskioske. Dabei werden schulintern (von Kollegen für Kollegen) technische, pädagogische und fachliche Anregungen in kurzen Sequenzen weitergegeben, gemeinsam erprobt und schließlich evaluiert. Zu Pädagogischen Tagen werden externe Experten eingeladen, ebenso wird das eigene mediale Wissen im Rahmen von Tagesbesuchen oder Fortbildungen an die Kollegien anderer Schulen weitergegeben. Auch die Steuergruppe unter der Leitung des Schulleiters ist im Sinne des Vier-Wege-

---

[120] Vgl. Anlage 1: Interview mit Martin Kaiser, 00.27:48. und 00.29:11: Nehmt die Lehrer mit!

Modells von Johannes Zylka in die Weiterentwicklung der digitalen Schulentwicklung eingebunden (vgl. Kapitel V), wie das Schaubild illustriert:

Schul- und Unterrichtsentwicklung am OHG

Unterrichtsentwicklung	Medienkompetenz	Personalentwicklung und Organisationsentwicklung
Lehrplanarbeit Lehrerfortbildungen	• Medienausstattung • Fortbildung, Ausbildung, Beratung • Kompetenzrahmen • Einheitlichkeit • Verankerung im Lehrplan	Steuergruppenschwerpunkt Kooperation Schulträger
Material: Digitale Schulbücher Lernapps	• Verbindlich • Kooperationspartner	Medienkonzeption (digital und tabletgestützt)
	Medienverantwortung	Evaluationen
	• Internetführerschein • Datenschutz • Cybermobbing • Spielsucht • Soziale Netzwerke • Medienscouts • Peer Education • Mediennutzung kreativ und kritisch • Konzept zur Handynutzung • Unterricht (Lehrplan -> Kompetenzrahmen)	

Alle Mitglieder der Schulgemeinde werden in die Unterrichts- und Medienentwicklung eingebunden. In abendlichen Elternseminaren erläutern erfahrene Lehrkräfte zweimal im Jahr Sinn und Nutzen der Arbeit mit den Tablets – besonders auch im Hinblick auf Medienerziehung - und geben so denjenigen, die Bedenken haben oder verunsichert sind, die Möglichkeit diese zu äußern und miteinander ins Gespräch zu kommen. Sehr überzeugend ist auch die Ausbildung von Schülerinnen und Schülern zu Medienscouts, die einerseits Mitschülern, andererseits aber auch Lehrkräften als technische Assistenten zur Verfügung stehen[121].

Es wird somit deutlich, dass die lenkende Rolle der Schulleitung in Verbindung

mit der Partizipation aller Gruppen – Schülerinnen und Schüler, Eltern, Lehrerkollegium - einen entscheidenden Gelingensfaktor für digitalen Unterricht darstellt[122].

---

[121] Vgl. zum Konzept der Medienscouts www.medienscouts-nrw.de.

[122] Vgl. Eickelmann, Birgit und Gerick, Julia: Lehren und Lernen mit digitalen Medien – Zielsetzungen, Rahmenbedingungen und Implikationen für die Schulentwicklung, in: Thomas Riecke-Baulecke [u.a.] Hg: Schulmanagement – Handbuch, 4 (2017c), S.54-82.

Zur Überprüfung der Wirksamkeit der Maßnahmen, Initiativen und Projekte hat die Schule ein umfangreiches Evaluationskonzept entwickelt. Grundlage sind die von dem Evaluationsteam entwickelten Fragebögen, die differenziert Fachlehrerinnen und Fachlehrer und Schülerinnen und Schüler, zum Teil auch Eltern, ansprechen und von allen Beteiligen schnell und digital bearbeitet werden können. Die Ergebnisse helfen mit, das Fortbildungskonzept zu optimieren; wertvolle

Erkenntnisse ergaben sich z.b. in den Bereichen individuelle Förderung, Berufsorientierung und Medienkompetenz. Es zeigten sich vor allem insgesamt positive Effekte im Hinblick auf die Schüler- und Lehrermotivation, im Hinblick auf Lernzeitgewinne sowie eine Ausweitung der Möglichkeiten des individualisierten Lernens für die Schülerinnen und Schüler je nach eigenem Lerntempo[123].

Ein Beispiel soll illustrieren, wie sich die Schule stetig gegenüber neuen Optimierungssettings des digitalen Lernens öffnet. Derzeit (seit August 2018) testen viele Lehrpersonen in unterschiedlichen Fächern die interaktiven, multimedialen und individualisierbaren sogenannten Mbooks (Ton, Video, Webseiten, Galerien, Übungen)[124]. Es eröffnen sich hier, so eine erste Bilanz nach einer sechsmonatigen Erprobung, Vorteile wie zum Beispiel eine vielfältige Aufbereitung und Darbietung der Themen und eine Vielzahl anregender interaktiver Übungen. Schwächen zeigen sich insbesondere in Bezug auf die Geschwindigkeit, fehlende Rückmeldungen an die Lehrkräfte oder teilweise gestörte Speicherfunktionen.

Der konkrete Nutzen und der pädagogische Mehrwert eines kompetenten Einsatzes digitaler Medien zeigen sich im alltäglichen Unterricht. Ich habe im Zuge der Planung der Bachelorarbeit einige Unterrichtsstunden besuchen können, um mir einen direkten Eindruck von dem Projekt zu verschaffen und stelle in Kurzform drei Stunden vor, je eine Deutsch-, Biologie- und Erdkundestunde. In einer Biologiestunde in einer 6. Klasse zum Thema: „Was ist Lärm? – Erarbeitung durch eine Klassenumfrage und ein interaktives Video mittels iPad" wurden mit Hilfe der App Nearpod interaktive Präsentationen für die ganze Klasse erstellt. Dank der personalisierten Geräte konnten die Schülerinnen und Schüler ihr Arbeitstempo selber festlegen und nach Bedarf die Präsentation nochmals anschauen. Im weiteren Verlauf der Stunde führte die Lerngruppe einen Selbsttest zum subjektiven Lärm-

---

[123] In der Anlage 2 finden sich wichtige Erkenntnisse aus den Evaluationen mit Schülerinnen und Schülern, Lehrkräften und Eltern.

[124] Vgl. Eickelmann, Birgit und Jarsinski, Sascha: Digitale Schulbücher – Fluch oder Segen? Aspekte für die Sekundarstufe I. In: Zeitschrift Schulmagazin, Heft 2/2018b, S. 7-11.

empfinden durch, die Ergebnisse wurden mit Hilfe der App Edpuzzle kontrolliert und gesichert. Das Besondere hierbei war, dass alle Schülerinnen und Schüler ihre eigene persönliche Definition erstellen und präsentieren konnten, was die aktive Mitarbeit signifikant steigerte. Im Anschluss daran wurden alle Definitionen via Apple TV präsentiert und die Schülerinnen und Schüler hatten die Möglichkeit alle Beiträge zu kommentieren und mit einer „like-Funktion" zu bewerten. Dies machen die meisten in sozialen Netzwerken ja sowieso sehr gerne, so dass sie nun jedoch eine Vorstellung davon bekamen, wie man solche Funktionen auch nutzen kann, um einen Austausch von Wissen zu vollziehen und sich eigenständig weiterzubilden. Es wurde deutlich, welche Definitionen am plausibelsten oder umstrittensten waren und die Schülerinnen und Schüler konnten sich darüber austauschen und so sekundäre Lerngewinne erzielen. Die ausgewählte Definition wurde am Stundenschluss gesichert und ins Heft übertragen.

Der didaktische Gewinn der digitalen Unterstützung lag darin, dass alle Schülerinnen und Schüler am Unterricht aktiv partizipieren und ihre Ergebnisse simultan am Bildschirm beobachten konnten. Falls man diesen Lernprozess nun analog zum Beispiel mit Hilfe einer Mindmap durchführen würde, würde viel Zeit durch wiederholtes Aufstehen, Anschreiben und Hinsetzen verloren gehen. Außerdem ist es in einer solchen Stunde fast unmöglich, allen Lernenden die Chance zu geben, aktiv etwas zum Tafelbild beizutragen.

Die Deutschstunde (9. Klasse) beschäftigte sich mit „Andorra" von Max Frisch, in der eine Figurenkonstellation mit der iPad-App Popplet erarbeitet wurde. Die Schülerinnen und Schüler erstellten in dieser App gleichzeitig mit einem oder mehreren Partnern Mind-Maps. Dies bot verschiedene Vorteile, vor allem in Bezug auf Effektivität und Zeitmanagement, Einfachheit in der Handhabung sowie Übersichtlichkeit und Struktur. Es entfielen somit zeitintensive Vorbereitungen und Vorüberlegungen zum Erstellen des Schaubilds wie etwa das Austeilen von Plakaten und Stiften in verschiedenen Farben. Auch die konkrete Arbeitsphase gestaltete sich mit dem iPad schneller und effektiver: Im analogen Unterricht erstellen die Schülerinnen und Schüler oft erst eine Skizze, um dann ein „schönes",

präsentierfähiges Plakat zu gestalten. Dieser Arbeitsschritt entfällt beim Arbeiten mit der App, da Änderungen direkt vorgenommen oder Variationen erprobt werden können. Mit der von der App vorgegebenen Struktur – Felder werden mit Text ausgefüllt und mit geraden Strichen verbunden – wurde eine Einheitlichkeit der Grundstruktur vorgegeben, die eine Vergleichbarkeit der Schülerergebnisse in der Sicherungsphase förderte. Der Vergleich von Nebensächlichkeiten in den Präsentationen (z.B. Unterschiedlichkeiten oder Undeutlichkeiten im Schriftbild) konnte somit entfallen. Stattdessen konzentrierte man sich hier auf das Wesentliche, etwa verschiedene Anordnungen der Felder, Farben, Größen etc. Denn diese Variationsmöglichkeiten sind trotz der strukturellen Vorgaben des Tools möglich und reichten im Fall der in der Stunde gezeigten Figurenkonstellation, die nur das Verhältnis der Figuren zum Protagonisten Andri darstellen sollte, vollkommen aus, um schnell ein effizientes Arbeitsergebnis zu erlangen. Auch die Präsentationsphase ließ sich mit dem iPad einfach und übersichtlich gestalten. Die Figurenkonstellation wurde mit dem Apple TV und Beamer an die Wand gestrahlt; einzelne Elemente konnten von den Lernenden während ihrer Präsentation herangezoomt und fokussiert werden. Zusätzlich wurden die Präsentationen den Schülerinnen und Schülern nach der Stunde dauerhaft über das Schulnetzwerk IServ zugänglich gemacht. Dies wäre bei analogen Präsentationen auf großen Plakaten oder Flipcharts schwierig gewesen. Zudem werden analog gestaltete Plakate von den Schülerinnen und Schülern oft zu klein beschrieben, was die Leserlichkeit während der Präsentation einschränkt. Beim Einsatz aller Apps standen also Zeiteffizienz, Effektivität und Strukturgebung im Vordergrund.

In einer Erdkundestunde in der Q 1 zum Thema „Agro-Gentechnik – eine Möglichkeit zur nachhaltigen Steigerung der agraren Tragfähigkeit der Erde?" zeigte sich, dass digitale Medien den kritischen Diskurs anregen können. Zu Beginn der Stunde erfolgte eine Meinungsabfrage über die interaktive Präsentationssoftware Mentimeter, mit der sich Abstimmungen unmittelbar auswerten lassen. In der Erarbeitungsphase bearbeiteten die Schülerinnen und Schüler in Gruppenarbeit

Sachtexte zu ökonomischen, ökologischen und sozialen Auswirkungen der Agro-Gentechnik. Die Ergebnisse mit je unterschiedlichen Argumenten wurden dann über das webbasierte Tool Padlet zusammengeführt. Dies hatte mehrere Vorteile: Jede Schülerin und jeder Schüler hatte jederzeit Zugriff auf das gemeinsam erstelle Ergebnis und alle konnten kritisch Vor- und Nachteile der Agro-Gentechnik diskutieren. Eine abschließende erneue Abfrage über Mentimeter zeigte, dass die Fragestellung der Stunde aufgrund des neu erworbenen Wissens teilweise anders als zu Beginn der Stunde bewertet wurde. Zwar hätte man die Ausgangsfrage auch analog bearbeiten können, doch wurde durch die Einbeziehung digitaler Medien ein mehrfacher Mehrwert erzielt: Durch die Nutzung der Apps und der Lernplattformen verfügte die Lehrperson über ein weites Spektrum an Möglichkeiten, den Unterricht anschaulicher, interaktiver, individueller, aber auch kooperativer zu gestalten. Dank der digitalen Werkzeuge blieb überdies mehr Zeit für den kritischen Diskurs der Schülerinnen und Schüler.

6.4 Schulen der Zukunft – Gründe für ihre Erfolge beim Einsatz digitaler Medien

Die drei Beispielschulen haben sich auf den Weg gemacht, neue offene, schülerzentrierte Formen des Lehrens und Lernens mit Hilfe digitaler Medien voranzubringen. Die zusammengestellten Gelingensbedingungen (siehe Kapitel V) sind weitgehend erfüllt:

- Die digitale Infrastruktur mit stabilem WLAN ist vorhanden, einschließlich Support durch den Schulträger ist vorhanden (VI.3); sie wird gepflegt und weiter ausgebaut und optimiert.

- Alle Schülerinnen und Schüler verfügen ebenso wie die Lehrkräfte über eigene mobile Endgeräte.

- *„Tablets für alle"* – Es gibt Chancengleichheit statt sozialer Selektion (vor allem VI.2 und VI.3). Alle Schülerinnen und Schüler erhalten kostenfrei das gleiche digitale Werkzeug, niemand ist im Nachteil, weil die Eltern sich ein teures iPad nicht leisten oder nur ein veraltetes, langsameres zur Verfügung stellen können (VI.3).

- Das Kollegium versteht sich als lernende Institution, wenngleich sich das Mitnehmen der Lehrerinnen und Lehrkräfte auch in diesen Schulen als die vielleicht größte Herausforderung herausstelle (vor allem in VI.3).

- Konstruktivistische, offene Zugriffe führen zu größerer Lerneffektivität als lehrerzentrierter Unterricht (vgl. die Unterrichtsbeispiele in VI.3).

- Der pädagogische Mehrwert wird auf vielfache Weise greifbar: Verschränkung von individuellem und kooperativem Lernen, Freiräume beim eigenen Lerntempo, Lernzeitgewinne, nachhaltige Motivationsgewinne, verbesserte Ergebnissicherung.

- Die drei Schulen verschränken erfolgreich Medienkunde, Medienkompetenz und Medienerziehung auf der Grundlage eines ausgearbeiteten und stetig weiterentwickelten Medienentwicklungskonzepts.

- Medienscouts und MedienCouncelors unterstützen die schulische Bildungsarbeit und wirken präventiv gegenüber den digitalen Risiken, wie zum Beispiel Cyberbullying.

- Hybride Lernumgebungen mit einer veränderten Raumkultur unterstützen teambasiertes Lernen (vor allem VI.2).

- Die Evaluationen erweisen sich als Indikatoren für nachhaltig erfolgreiches Arbeiten und als Motor der Entwicklung. Die digitalen Entwicklungsschritte werden durch ein Evaluationsteam regelmäßig ausgewertet und kritisch hinterfragt. Die wissenschaftliche Begleitung ist unterschiedlich intensiv, am umfänglichsten bei der Alemannenschule.

- Die Schulen sind ständig auf dem Weg zu weiteren Verbesserungen, denn nichts ist so schnelllebig wie der digitale Fortschritt (Wichtigkeit von Entwicklungsvorhaben).

Noch nicht hinreichend realisiert ist die wissenschaftliche Begleitung. Im Wesentlichen liegen Evaluationen durch schulinterne Evaluationsteams vor[125], die zwar klar positive Tendenzen zeigen, aber nur punktuell extern validiert worden sind. Eine solche wissenschaftliche Begleitung – über einen längeren, möglichst mehrjährigen Zeitraum hinweg – ist auch Voraussetzung für den Nachweis, dass sich durch den fundierten Einsatz digitaler Medien die Effektstärken signifikant erhöhen lassen. Darüber hinaus wären echte Kontrollgruppen für valide Wirkungsvergleiche wünschenswert, wie sie beispielhaft die Münchner Forscher um Kristina Reiss durchgeführt haben[126], um analoge und digitale Lehrmedien im direkten Vergleich testen und bewerten zu können[127].

---

[125] vgl. das Beispiel in Anlage 2.

[126] Vgl. oben Seite 22.

[127] Einen solchen Vergleich fordert auch Lankau zu Recht ein. Vgl. ders.: Digitalisierung als De-Humanisierung von Schulen: http://futur-iii.de/wp-content/uploads/sites/6/2019/01/dbt-kinderkommission_jan2016_textlankau.pdf (am 13.02.2019) 2019a, S.24.

7 Fazit – Ergebnisse, Desiderate, Ausblick

„Massenhaft günstig und individuell zugeschnitten – das ist die Zauberformel der Digitalisierung"[128] – ganz so einfach wie es der Vorstand der Bertelsmann-Stiftung formuliert, lassen sich die digitalen Erträge nicht generieren, wie meine Bachelorarbeit, in der ich die Extrempositionen zum Digitalisierungsprozess in den Schulen dargestellt und kritisch bewertet habe, gezeigt hat. Neben der unkritisch-naiven Euphorie im Hinblick auf die ,digitale Bildungsrevolution' und das ,digitale Zeitalter', die die negativen Begleiterscheinungen allzu eilfertig ausblendet, haben sich auch die apokalyptischen Warnungen vor ,digitaler' bzw. ,sozialer' Demenz[129] als zu eindimensional erwiesen.

Manches erinnert an die einstmaligen Einwände gegen die Hypertextstrukturen, die unter anderem auf eine befürchtete kognitive Überforderung der Nutzer wegen des durch die Verlinkungen verursachten Zwangs zum ständigen Springen, dadurch zwangsläufig entstehende Aufmerksamkeitsdefizite sowie auf eine zu geringe Wertschätzung von Texten mit linearer Struktur abzielten (Kapitel II sowie III.3). Damals wie heute stützen sich die Kritiker auf teilweise veraltete Studien mit zu starker Engführung auf Lerneffektstärken bei Tests und Klassenarbeiten, während andere mögliche Lernfortschritte wie die Weiterentwicklung des kooperativen und des projektorientierten Arbeitens oder die Erziehung zur „Medienmündigkeit"[130] außer Betracht bleiben. Zahlreiche Einwände gegen digitales Lernen in der Schule, wie etwa das angebliche Verlernen der Handschrift oder der Verlust der primären Medienkompetenz ,Lesen' lassen sich durch die bisher vorliegenden Studien nicht erhärten[131]. Der Einwand, die Arbeit mit digitalen Endgeräten erhöhe wegen der hohen Anschaffungskosten die soziale Kluft, verkehrt sich dann ins

---

128 Dräger, Jörg, Müller-Eiselt, Ralph: Die Digitale Bildungsrevolution. 3. Auflage. München: Deutsche Verlags-Anstalt, 2017, S.22. Jörg Dräger ist Mitglied im Vorstand der Bertelsmann-Stiftung.

129 Vgl. oben S.16f.

130 Ich greife hier eine Vokabel von Paula Bleckmann auf, die den Begriff „Medienmündigkeit" als Gegenpart zur Mediensüchtigkeit verwendet und ihn auch gegenüber dem Ihres Erachtens zu unpräzisen Begriff ,Medienerziehung' bevorzugt. Medienmündig zu sein heißt für sie, das erforderliche technische Wissen zu besitzen, digitale Medien achtsam, zeitsouverän, und in kritischer Distanz zu nutzen. Vgl. Bleckmann, Paula, Appel, Markus: Googelst du noch oder denkst du schon? Medienmündigkeit in Zeiten der Digitalisierung. Karlsruhe: KIT-Bibliothek Süd 2015.

131 Vgl. Anm. 112-114.

Gegenteil, wenn - wie an den drei Beispielen gezeigt - die Eigenleistung der Eltern nur minimal ausfällt oder sogar komplett entfällt. Dann nämlich stellt die Bereitstellung von gleichwertigen Endgeräten einen Beitrag zur Chancengleichheit dar. Dies gilt erst recht für die Gleichsetzung des durch Tablets unterstützten individuellen Lernens mit ‚Entsozialisierung' und ‚Entsolidarisierung'[132]. Im Gegenteil: Die drei Anwendungsbeispiele zeigen - unabhängig von ihrer je unterschiedlichen Herangehensweise und trotz auch hier vorhandener Desiderate (VI.4) -, dass die digitalen Medien kooperatives, offenes, schülerzentriertes Arbeiten fördern können.

Dass diese Gelingensfaktoren derzeit nur an wenigen Standorten umfassend gegeben sind, ist zwar richtig, dennoch ist eine erfolgreiche und positive Nutzung der neuen digitalen Welt perspektivisch an vielen Schulen möglich, wenn die Schulleitung und die Kolleginnen und Kollegen bereit sind, von anderen Schulen zu lernen und den digitalen Umbruch positiv zu begleiten.

Die „digitale Dividende"[133] wird dann durchaus reichhaltig ausfallen können. Sie reicht von verbesserter und effizienter Diagnostik im Sinne individueller Förderung[134], über passgenaue Programmierung der Lernschritte, signifikante Zugewinne an echter Lernzeit, neue Lernsettings[135] bis hin zu einer Steigerung der Argumentations- und Reflexionsfähigkeit der Lernenden. Bestenfalls kann kritischer Medienunterricht ethische Spielregeln der Mediennutzung einüben, Selbstreflexivität voranbringen und „Meta-Unterricht *über* Medien"[136] sein, der dazu befähigt, über kontroverse und komplexe Themen – wie zum Beispiel soziale Medien und alternative Messenger-Dienste, Datenschutz, Verschlüsselungstechniken, trackingsichere Suchmaschinen, sozialpsychologische Folgen des Medienkonsums oder faire Ökonomie - aufmerksam, dialogisch und differenziert sprechen zu können.

---

[132] Vgl. oben S.18.

[133] Burow, Olaf – Axel (Hg.): Digitale Dividende. Ein pädagogisches Update für mehr Lernfreude und Kreativität in der Schule. Weinheim: Beltz 2014.

[134] Vergleiche dazu unter anderem Anlage 1: 00:13:55.

[135] Zu denken ist dabei zum Beispiel an Lernplattformen, Cloud-Lösungen, Erklärvideos oder den Flipped Classroom Vgl. Eickelmann, Birgit: Schule im digitalen Zeitalter – Chancen für das Lernen und den Unterricht. Vortrag im Rahmen der Veranstaltung ‚Schule und digitale Bildung' – WIR BRINGEN SIE ZUSAMMEN: https://www.digitale-schule-gt.de/fileadmin/files/dsg/Downloads/Vortrag_Eickelmann_Guetersloh_8_Juni_2018.pdf (2018d).

[136] Meyer, Hilbert, Junghans, Carola: Zwölf Prüfsteine für die Arbeit mit digitalen Unterrichtsmedien – Ratschläge zur kritischen Analyse. In: Stephan Gerhard, Huber (Hg.): Jahrbuch Schulleitung. Impulse aus Wissenschaft und Praxis. Köln: Wolters Kluwer 2019, S.372.

Ein solches „Lernen 4.0"[137] kann dann – ausblickartig - eine wirklich mündige Begegnung mit der digitalen Welt sein, bei der eine hohe soziale und kognitive Vernetzung, orientiert an einem humanistischen, am Menschen orientierten Bildungsverständnis gegeben ist[138]. Insofern ist das digitale Lernen in Schule und Unterricht sicher eine Herausforderung, aber kein Irrweg.

---

[137] Zierer, Klaus: Lernen 4.0. Pädagogik vor Technik. 2018, S.27-38.

[138] Vgl. Zierer, Klaus, Tögel, Jonas, Lachner, Christina: Der Beitrag der Lehrkräfte und der Schulleitung zu einer gelingenden Digitalisierung in Schule und Unterricht. In: Stephan Gerhard Huber (Hg.): Jahrbuch Schulleitung. Impulse aus Wissenschaft und Praxis. Köln: Wolters Kluwer 2019, S.294.

Literaturverzeichnis

Aufenanger, Stefan: Zum Stand der Forschung zum Tableteinsatz in Schule und Unterricht aus nationaler und internationaler Sicht. In: Jasmin Bastian, Stefan

Aufenanger (Hg.): Tablets in Schule und Unterricht. Forschungsmethoden und –perspektiven zum Einsatz digitaler Medien. Wiesbaden: Springer 2017a, S.119-138.

Aufenanger, Stefan, Bastian, Jasmin: Einführung: Tableteinsatz in Schule und Unterricht – wo stehen wir? In: Dies. (Hg.): Tablets in Schule und Unterricht. Forschungsmethoden und –perspektiven zum Einsatz digitaler Medien. Wiesbaden: Springer 2017b, S.1-14.

Bachleitner, Norbert: https://www.netzliteratur.net/bachleitner/VOdigilit1.1-2.pdf. o.J. (aufgerufen am 9.03.19).

Bleckmann, Paula, Appel, Markus: Googelst du noch oder denkst du schon? Medienmündigkeit in Zeiten der Digitalisierung. Karlsruhe: KIT-Bibliothek Süd 2015.

Bos, Wilfried, Eickelmann, Birgit, Gerick Julia (Hg.): ICILS 2013 – Computer – und informationsbezogene Kompetenzen von Schülerinnen und Schülern in der 8. Jahrgangsstufe im internationalen Vergleich. Münster: Waxmann 2014.

Brech, Johann: „A digitalized Derrida" – Zum Verhältnis von Poststrukturalismus und Hypertext. Norderstedt: Grin 2012.

Burow, Olaf – Axel (Hg.): Digitale Dividende. Ein pädagogisches Update für mehr Lernfreude und Kreativität in der Schule. Weinheim: Beltz 2014.

Burow, Olaf-Axel (Hg.): Schule digital - wie geht das? Wie die digitale Revolution uns und die Schule verändert. Weinheim: Beltz 2019.

Cohen, Jacob: Statistical Power Analysis for the Behavioral Sciences. 2. Auflage. Hillsdale, NJ: Lawrence Erlbaum Associates 1988.

Dräger, Jörg, Müller-Eiselt, Ralph: Gestalten statt Verhindern. Die Chancen der digitalen Bildungsrevolution. In: Olaf-Axel Burow (Hg.): Schule digital – wie geht das? Wie die digitale Revolution uns und die Schule verändert. Weinheim: Beltz 2019, S.82-86.

Dräger, Jörg, Müller-Eiselt, Ralph: Die Digitale Bildungsrevolution. 3. Auflage. München: Deutsche Verlags-Anstalt, 2017.

Eickelmann, Birgit, Gerick, Julia, Bos, Wilfried: Impulse für eine Schule der Zukunft – Zentrale Ergebnisse der internationalen Schulleistungsstudie I-CILS 2013. In: Zeitschrift Schul-Management 1 (2015), S. 22-26.

Eickelmann, Birgit: Lernende Schulen in der digitalen Welt – Herausforderungen und Perspektiven. Basisartikel „Digitalisierung in der Schule". In: Lernende Schule 79 (2017a), S. 4-9.

Eickelmann, Birgit: Kompetenzen in der digitalen Welt. Konzepte und Perspektiven. Berlin: Friedrich-Ebert-Stiftung 2017b.

Eickelmann, Birgit, Gerick, Julia: Lehren und Lernen mit digitalen Medien – Zielsetzung Rahmenbedingungen und Implikationen für die Schulentwicklung. In: Thomas Riecke-Baulecke [u.a.] (Hg.): Schulmanagement-Handbuch 4 (2017c), S. 54-82.

Eickelmann, Birgit, Gerick, Julia: Herausforderungen und Zielsetzungen im Kontext der Digitalisierung von Schule und Unterricht (III). Neue Aufgaben für die Schulleitung. In: SchulVerwaltung Nordrhein-Westfalen 5 (2018a), S.136-138.

Eickelmann, Birgit, Jarsinski, Sascha: Digitale Schulbücher – Fluch oder Segen? Aspekte für die Sekundarstufe 1. In: Zeitschrift Schulmagazin 2 (2018b), S.7-11.

Eickelmann, Birgit: Digitalisierung in der schulischen Bildung. Entwicklungen, Befunde und Perspektiven für die Schulentwicklung und die Bildungsforschung. In: Nele McElvany [u.a.] (Hg.): Digitalisierung in der schulischen Bildung. Chancen und Herausforderungen. Münster: Waxmann 2018c, S.11-26.

Eickelmann, Birgit: Schule im digitalen Zeitalter – Chancen für das Lernen und den Unterricht. Vortrag im Rahmen der VeranstaltungSchule und digitale Bildung' – WIR BRINGEN SIE ZUSAMMEN: https://www.digitale-schule-gt.de/fileadmin/files/dsg/Downloads/Vortrag_Eickelmann_Guetersloh_8_Juni_2018.pdf (2018d).

Gerick, Julia, Eickelmann, Birgit, Bos, Wilfried: Vermittlung digitaler Kompetenzen als neues Handlungsfeld für Schulen und Schulleitungen. Zentrale Ergebnisse der internationalen Schulleistungsstudie ICILS 2013. In: Schulleitung und Schulentwicklung. 2015, S. 35-51.

Haack, Johannes: Interaktivität als Kennzeichen von Multimedia und Hypermedia. In: Ludwig Issing, Paul Klimsa (Hg.): Information und Lernen mit Multimedia und Internet. 3., vollständig überarbeitete Auflage. Weinheim:
Beltz 2002, S. 127-136.

Hattie, John: Lernen sichtbar machen. Baltmannsweiler: Schneider 2013.

Hattie, John: Lernen sichtbar machen für Lehrpersonen. Baltmannsweiler:
Schneider 2014.

Hattie, John, Zierer, Klaus: Kenne deinen Einfluss! „Visible Learning" für die Unterrichtspraxis. 2. Auflage. Baltmannsweiler: Schneider 2017.

Hattie, John, Zierer, Klaus: Visible Learning. Auf den Punkt gebracht. Baltmannsweiler: Schneider 2018.

Hayles, N. Katherine. How We Read: Close, Hyper, Machine. In: ADE Bulletin
150 (2010), S.62-79.

Hillmayr, Delia, Reinhold, Frank, Ziernwald, Lisa, Reiss, Kristina: Digitale Medien im mathematisch-naturwissenschaftlichen Unterricht der Sekundarstufe. Einsatzmöglichkeiten, Umsetzung und Wirksamkeit. Münster:
Waxmann 2017.

Huber, Stephan Gerhard (Hg.): Jahrbuch Schulleitung. Impulse aus Wissenschaft und Praxis. Köln: Wolters Kluwer 2019.

Irion, Thomas, Eickelmann, Birgit: Digitale Bildung in der Grundschule. In:
Grundschule. Keine Angst vor Tablet & Co, 7 (2018), S. 4-8.

Medienpädagogischer Forschungsverband Südwest (Hg.): JIM 2017: Jugend, Information, (Multi-) Media. Basisstand zum Medienumgang 12- bis 19-jäh-
riger in Deutschland. Stuttgart: 2018, S.52-64.

Jungkamp, Burkhard: Befreiung aus der digitalen Unmündigkeit? Die digitale
Gesellschaft und die Rolle der Bildung, in: SchulVerwaltung Nordrhein-
Westfalen 2 (2018), S.36-39.

Knothe. Michael: Medienabhängigkeit/Internetsucht. Neuer Wein in neuen Schläuchen oder Next Generation Sucht? In: Nele McElvany [u.a.] (Hg.): Digitalisierung in der schulischen Bildung. Chancen und Herausforderungen. Münster: Waxmann 2018, S.89-98.

Kultusministerkonferenz (2016): Bildung in der digitalen Welt. Strategie der Kulturministerkonferenz. https://www.kmk.org/fileadmin/Dateien/pdf/PresseUndAktuelles/2016/Bildung_digitale_Welt_Webversion.pdf (am 09.03.2019).

Landow, George P.: Hypertext. The convergence of contemporary critical theory and technology. Baltimore & London: The Johns Hopkins University Press 1992.

Landow, George P.: Hyper/Text/Theory. Baltimore & London: The Johns Hopkins University Press 1994.

Landow, George P.: Hypertext 3.0. Critical theory and new media in an Era of Globalization. Baltimore: John Hopkins University Press 2006.

Lankau, Rolf: Kein Mensch lernt digital. Über den sinnvollen Einsatz neuer Medien im Unterricht. Weinheim: Beltz 2017.

Lankau, Rolf: Digitalisierung als De-Humanisierung von Schulen. http://futur-iii.de/wp-content/uploads/sites/6/2019/01/dbt-kinderkommission_jan2016_textlankau.pdf (am 13.02.2019) (2019a).

Lankau, Rolf: Digitale Heilsversprechen. Im Interview mit Meik Bruns. In: Bildung heute 2 (2019b), S.6-10.

Lembke, Gerald, Leipner, Ingo: Die Lüge der digitalen Bildung. 3. Auflage. München: Redline 2015.

Liestol, Gunnar: Wittgenstein, Genette, and the Reader's Narrative in Hypertext. In: Landow, George P.: Hyper/Text/Theory. Baltimore & London: The Johns Hopkins University Press 1994, S.87-120.

Lorenz, Ramona, Endberg, Manuela: IT-Ausstattung der Schulen der Sekundarstufe I im Bundesländervergleich und im Trend von 2015 bis 2017. In: Ramona Lorenz [u.a.] (Hg.): Schule digital – der Länderindikator. Münster 2017, S.49-83.

Lorenz, Ramona: Ressourcen, Einstellungen und Lehrkraftbildung im Bereich Digitalisierung. In: Nele McElvany [u.a.] (Hg.): Digitalisierung in der schulischen Bildung. Chancen und Herausforderungen. Münster: Waxmann 2018, S. 53-67.

Ma, Jack: Bildung der Zukunft: https://www.youtube.com/watch?v=CvBmRKqvz58 (abgerufen am 02.03.19).

McElvany, Nele [u.a.] (Hg.): Digitalisierung in der schulischen Bildung. Chancen und Herausforderungen. Münster: Waxmann 2018.

Medienberatung NRW (2017a): Kompetenzrahmen Medienpass NRW. Abgerufen von https://www.medienpass.nrw.de/sites/default/files/media/2017_Kompetenzrahmen_Medienpass_NRW.pdf (am 01.03.2019).

Medienberatung NRW (2017b): Planungsraster Medienkonzeptentwicklung NRW. Abgerufen von http://www.lehrplankompass.nrw.de/Medienberatung-NRW/Publikationen/Leitfaden_Medienpass_Final.pdf (am 01.03.2019).

Medienscouts NRW: Abgerufen von: http://www.medienscouts-nrw.de (am 18.03.2019).

Meyer, Hilbert, Junghans, Carola: Zwölf Prüfsteine für die Arbeit mit digitalen Unterrichtsmedien – Ratschläge zur kritischen Analyse, in: Huber, Stephan Gerhard (Hg.): Jahrbuch Schulleitung. Impulse aus Wissenschaft und Praxis. Köln: Wolters Kluwer 2019, S.354-380.

Müller-Eiselt, Ralph, Behrens, Julia: Digitale Medien in den Schulen: Perspektive der Bildungsforschung. In: Nele McElvany [u.a.] (Hg.): Digitalisierung in der schulischen Bildung. Chancen und Herausforderungen. Münster: Waxmann 2018, S.107-112.

Otto-Hahn-Gymnasium Monheim am Rhein: http://ohg.monheim.de/component/jdownloads/send/1-root/800-medienkonzept.html. (am 18.02.2019).

Pallack, Andreas, Radzimski-Coltzau: Digitale Medien: Eine Chance für Schulentwicklung am Beispiel des Franz-Stock-Gymnasiums (FSG). In: Nele McElvany [u.a.] (Hg.): Digitalisierung in der schulischen Bildung. Chancen und Herausforderungen. Münster: Waxmann 2018, S.113-118.

Pfetsch, Jan, Schultze-Krumbholz, Anja: Cyberbullying als Herausforderung für Schulen. In: Nele McElvany [u.a.] (Hg.): Digitalisierung in der schulischen Bildung. Chancen und Herausforderungen. Münster: Waxmann 2018, S. 69-88.

Porombka, Stephan: Hypertext. Zur Kritik eines digitalen Mythos. München: Fink 2001.

Rolff, Hans-Günther: Schulentwicklung kompakt. Modelle, Instrumente, Perspektiven. 3. Auflage. Weinheim: Beltz 2016.

Schaumburg, Heike: Empirische Befunde zur Wirksamkeit unterschiedlicher Konzepte des digital unterstützten Lernens. In: Nele McElvany [u.a.] (Hg.): Digitalisierung in der schulischen Bildung. Chancen und Herausforderungen. Münster: Waxmann 2018, S.27-40.

Schleicher, Andreas: Im Gespräch. In: Bildungsmesse im Blick. Isernhagen: A.V.I. 2019, S.14.

Sokolowski, Andrzej, Li, Yeping, Willson, Victor: The effects of using exploratory computerized environments in grades 1 to 8 mathematics: a meta-analysis of research: https://stemeducationjournal.springeropen.com/articles/10.1186/s40594-015-0022-z 2015 (aufgerufen am 10.03.19).

Spannagel, Christian: Flipped Classroom: Den Unterricht umdrehen? In: Christian Fischer (Hg.): Pädagogischer Mehrwert? Digitale Medien in Schule und Unterricht. Münster: Waxmann 2017, S.155-159.

Spitzer, Manfred: Vorsicht Bildschirm, Elektronische Medien, Gehirnentwicklung, Gesundheit und Gesellschaft. München: dtv 2006.

Spitzer, Manfred: Digitale Demenz. Wie wir uns und unsere Kinder um den Verstand bringen. München: Droemer 2016.

Tergan, Sigmar-Olaf: Hypertext und Hypermedia: Konzeption, Lernmöglichkeiten, Lernprobleme und Perspektiven. In: Ludwig Issing, Paul Klimsa (Hg.): Information und Lernen mit Multimedia und Internet. 3., vollständig überarbeitete Auflage. Weinheim: Beltz 2002, S. 99-112.

Universität Hamburg: Abschlussbericht und Evaluation zum digitalen Einsatz in Modellschulen in Schleswig-Holstein.. https://www.ew.uni-hamburg.de/ueber-die-fakultaet/personen/gerick/_files/abschlussbericht-evaluation-modellschulen-gerick-eickelmann-feb2017.pdf (abgerufen am 26.02.2019).

Wampfler, Philippe: Digitaler Deutschunterricht. Neue Medien produktiv einsetzen. Göttingen: Vandenhoeck & Ruprecht 2017.

Welling, Stefan: Methods matter. Methodisch-methodologische Perspektiven für die Forschung zum Lernen und Lehren mit Tablets. In: Jasmin Bastian, Stefan Aufenanger (Hg.): Tablets in Schule und Unterricht. Forschungsmethoden und –perspektiven zum Einsatz digitaler Medien. Wiesbaden: Springer 2017, S.15-36.

Zierer, Klaus: Lernen 4.0. Pädagogik vor Technik. Möglichkeiten und Grenzen einer Digitalisierung im Bildungsbereich. 2. Auflage. Baltmannsweiler: Schneider 2018.

Zierer, Klaus, Tögel, Jonas, Lachner, Christina: Der Beitrag der Lehrkräfte und der Schulleitung zu einer gelingenden Digitalisierung in Schule und Unterricht. In: Stephan Gerhard Huber (Hg.): Jahrbuch Schulleitung. Impulse aus Wissenschaft und Praxis. Köln: Wolters Kluwer 2019, S.293-306.

Zylka, Johannes: Digitale Schulentwicklung: Das Praxisbuch für Schulleitung und Steuergruppen. Weinheim: Beltz 2018.

Zylka, Johannes: Erfolgreich Tablet Computer in den Schulalltag implementieren. In: Olaf-Axel Burow (Hg.): Schule digital - wie geht das? Wie die digitale Revolution uns und die Schule verändert. Weinheim: Beltz 2019, S.150 -163.

Anlagen

Anlage 1

Transkript des Interviews mit dem Tablet-Projektleiter Martin Kaiser, kommissarischer stellvertretender Schulleiter der Europaschule Otto-Hahn-Gymnasium Monheim

#00:00:00-8# Tim: 1. Frage: Was versteht man deiner Meinung nach unter Hypertext?

#00:00:08-4# Martin: War mir eigentlich vorher nur ein Begriff im Zuge von HTML, und habe dann festgestellt, dass es Hypertext anscheinend schon vorher gab, nämlich die Idee, Text mit Verlinkung und sonstigen Bausteinen zu versehen, die die Linearität von Texten aufzuheben. Das ist für mich ein sehr technischer Begriff, nämlich, dass ich das Layout und die Verlinkung in einem Text hinterlegen kann und HTML geht ja inzwischen noch deutlich weiter und kommt zur Grafik und Multimedia. Sie hat sich da, glaube ich, ein bisschen vom Hypertext gelöst, zum Beispiel Hypermedia, das ist die Erweiterung mit multimedialen Bausteinen. Die aber definitiv erst neu durch das Internet hinzugekommen sind.

#00:00:52-3# Tim: Was sind typische Merkmale des Hypertextes?

#00:00:59-2# Martin: Früher war es das Aufbrechen von ich lese durch und von oben nach unten. Aufheben von Strukturen, die durch reines von oben nach unten oder von rechts nach links lesen aufgehoben werden, inzwischen allerdings auch die Einbettung von nicht- textlichen Elementen, wie Videos, Audiofiles und Grafiken. Die inzwischen durch das Internet den Hypertext stark verändert haben, im Vergleich zu früher. Auch ein Buch hat Abbildungen, aber spätestens beim Einfügen eines Videos kommt es dann zu Problemen.

#00:01:50-5# Tim: Inwiefern würdest du den Hypertext als Grundbaustein für die Digitalisierung sehen?

#00:01:50-5# Martin: Definitiv insofern, dass die ersten ausgetauschten tatsächlich multimedialen Elemente auf HTML Basis immer geschrieben worden sind. Das hat auch die Denkstruktur verändert, das, was wir heute als Homepage kennen, ist auf HTML Basis und lebt mit den Einschränkungen, aber auch mit den Möglichkeiten, jederzeit ein Menü sehen zu können. Auf Dinge im Text springen zu können, ist zwar alt, früher hatte ich ein Inhaltsverzeichnis am Anfang des Buches. Aber die Neuerung war jetzt, dass ich einen Teil der Seite scrollen kann und der andere bleibt feststehen. So kann ich solche Strukturen von vorneherein viel besser vorge-ben, dem Leser mehr Hilfe an die Hand geben, aber natürlich auch durch Links und die Verknüpfung von Multimedia ist eine ganz neue Art von Vermittlung zustande gekommen, die viel mehr Eigenständigkeit ermöglicht, weil ich viel seltener jeman-den fragen muss, wie sieht das denn jetzt aus, weil derjenige eventuell die Antwort als Link hinterlegt hat.

#00:03:00-4# Tim: Besteht ein Zusammenhang zwischen Hypertext und Digitali-sierung an Schulen?

#00:03:01-6# Martin: Ganz einfach dadurch, dass Digitalisierung sehr viel mit HTML zu tun hat und sehr viel mit multimedialen Inhalten und natürlich auch die Schule damit arbeiten muss und nicht nur arbeiten kann. Aber ich glaube auch, dass sich dadurch die Aufnahme von gedruckten bzw. auf Bildschirm erscheinenden In-formationen komplett verändert hat. Sowohl für die Schüler als auch für die Lehre-rinnen und Lehrer. Man erwartet heutzutage, dass ein hinterlegter Link zu einer weiteren Erklärung führt. Man erwartet die Einbettung von multimedialen Sachen. Man erwartet aber auch, dass man durch geschickte Suche Dinge finden kann, was ja auch etwas mit Hypertext zu tun hat. Eben die Verschlagwortung von Sachen, die jetzt Google und andere auf die Spitze getrieben haben durch intelligente Algorith-men, die tatsächlich das in Texten wiederfinden, was man sucht, das hat definitiv das Lernen verändert und damit die Digitalisierung an Schulen vorangetrieben. Und das ist das, was wir den Schülern beibringen müssen, es gibt nicht mehr nur die eine Enzyklopädie, in der ich alles nachschlagen lässt. Sondern es gibt Unmen-gen an Möglichkeiten, das zu finden. Dann kommt immer die Wertung mit hinein und das hat mit Hypertext erstmal nichts zu tun, weil der Inhalt sowohl im Hyper-text als auch im gedruckten Buch totaler Blödsinn sein kann. Beim Hypertext ist es ein wenig schwieriger, weil die Möglichkeit etwas zu veröffentlichen, viel einfacher geworden sind.

#00:04:31-3# Tim: Eine Zusatzfrage zu diesem Thema: Würdest du sagen, dass ohne den Hypertext gar keine Digitalisierung entstanden wäre?

#00:04:33-5# Martin: Ich gehe davon aus, dass sich dann irgendeine andere Krü-cke gefunden hätte um dieses Problem zu lösen, aber vom Grundprinzip her hat man sich ja bei der Erfindung des Internets etwas dabei gedacht, wie kann ich die neuen Möglichkeiten nutzbar machen und wie kann ich eine Struktur bauen, die allen Nutzern hilft und so ist das ja da reingerutscht. Es hat sich ja jetzt über 25-30 Jahre bewährt und wird sicherlich weitergehen. Ich gehe davon aus, dass es einen anderen Baustein gegeben hätte, vielleicht tabellenartiger. Aber diese Idee dahinter ist definitiv eine Triebfeder für Digitalisierung gewesen. Ohne Hypertext hätte die Digitalisierung definitiv anders ausgesehen.

#00:05:24-7# Tim: Eine weitere Zusatzfrage: Wie bewertest du die anfängliche Euphorie der Hypertext-Enthusiasten?

#00:05:27-0# Martin: Ja, das ist schwierig. Ich finde Hypertext ist ein ‚Form Ding‘ und kein ‚Inhalt Ding‘. Die Enthusiasten haben früher gerne den Vorteil gesehen, dass jetzt jeder die Möglichkeit hat etwas zu veröffentlichen, dass Information demokratischer wird und einfacher zu fassen wird und besser zu verarbeiten wird. Aber ich sehe das mittlerweile in eine andere Richtung gehen, dass dadurch jetzt jeder etwas veröffentlichen kann und es einfacher zu finden ist. Zum einen wird das, was veröffentlicht wird, immer schlechter und zum anderen werden Menschen immer bequemer im Hinblick auf die Informationsbeschaffung. Es ist einfacher Dinge zu finden, damit geben sie sich aber auch schneller zufrieden, der erste Sucheintrag bei Google ist natürlich immer der Beste, das ist ja klar, Google hat das so festgestellt, ob das jetzt sinnvoll ist oder nicht und das geht ja jetzt weiter in die Gesellschaft rein, wenn man zu Nachrichtenaufnahmen kommt, hat Digitalisierung uns da sehr bequem gemacht, was ich nicht gerade als Meldung auf meinem iPhone gerade sehe, das existiert auf der Welt nicht. Das war früher schwieriger, das hat weniger mit dem Hypertext an sich zu tun, der die formale Grundlage bildet als einfach damit, dass er Möglichkeiten geschaffen hat, die zur Verbreitung von viel Unsinn und auch fake News geführt haben

#00:06:36-0# Tim: Wie stehst du zu Digitalisierung an Schulen? Wie sind deine Erfahrungen bisher und vor allem auch mit den Schülerinnen und Schülern?

#00:06:36-6# Martin: Ich bin sehr aufgeschlossen dem gegenüber und würde sogar weitergehen und sagen, das ist viel zu spät passiert. Digitalisierung verändert die Gesellschaft seit ungefähr 25-30 Jahren und seit den letzten 10 Jahren massiv. Darauf hätten Schüler vorbereitet sein müssen, Schule sollte etwas sein, was einen Menschen vorbereitet auf das Leben in der Gesellschaft und das hat die Schule in den letzten Jahren gar nicht gemacht und sträubt sich jetzt immer noch dagegen. Ich bin kein Freund davon, dass Kinder hier einen Führerschein machen müssen, gesunde Ernährung lernen und Kreditkartenverträge ausfüllen müssen, weil ich alles für Randerscheinungen halte. Ja, okay mit einem gesunden Menschenverstand schaffe ich es auch einen Kreditkartenvertrag auszufüllen. Aber Digitalisierung ist leider so allumfassend in allen Gebieten, dass man sagen muss, man hätte die

Schüler schon früher viel stärker darauf vorbereiten müssen und kann dann gleichzeitig auch die Vorteile in der Wissensvermittlung nutzen, was zurzeit ja schon vielfach geschieht, was aber noch gar nicht so richtig passiert, ist die Fragestellung, inwiefern hat Digitalisierung die Welt verändert und das Leben des Einzelnen und man müsste damit auch die Erziehung verändern. Und dann die Frage zurück an die Schule spiegeln, was muss ich meinen Schülern jetzt eher an die Hand geben, damit die Schüler zukünftig in einer digitalen Welt zurechtkommen. Bisher sind Schüler im Allgemeinen gar nichts anderes mehr gewohnt, also, wenn ich jetzt an Schüler aus der Oberstufe denke, seitdem die mit Kommunikation arbeiten gibt es für die irgendwelche Nachrichtenmittel, gibt es für die WhatsApp, Snapchat etc. Die sind leider in diesem Blickwinkel gefangen, sie kennen die alte Welt nicht mehr und wissen nicht, wie es dort ablief und haben deswegen große Probleme so etwas zu werten und auch zu erkennen, wie stark sie instrumentalisiert werden, durch Werbetreibende, die im Endeffekt mit dem Ganzen Geld verdienen wollen. Das steckt als Triebfeder ja leider immer dahinter, es sind jetzt nicht die Enthusiasten, die Wikipedia hochgezogen haben, die das Internet befeuern, sondern es sind Google, Facebook und Co, die damit Geld verdienen. Das werfe ich der Schule und der Gesellschaft vor, dass wir zu spät erkannt haben, dass wir die Leute dort bilden müssen. Dass die vor 15 Jahren bei Facebook angemeldet haben und jetzt furchtbar überrascht sind, wer alles ihre Daten hat und wie schlimm sie doch gläsern geworden sind und es war ihnen anscheinend vorher nie richtig klar, dass wenn man das Geburtsdatum dort angibt, dass dies für immer gespeichert wird und einem jetzt mehrere Firmen ungewünscht zum Geburtstag gratulieren können.

#00:09:23-0# Tim: Welche Befunde zur Wirkung von Digitalisierung sind dir bekannt?

#00:09:26-7# Martin: Also ich kenne eigentlich ein paar wenige aus dem Kosmos von Hattie, allerdings habe ich mich vor anderthalb Jahren damit befasst und musste feststellen, dass die sehr schwach sind, d.h. es werden bei Hattie in dieser Metastudie, da werden Studien herangezogen zum Lernen mit dem Computer, aus den letzten 20 Jahren, die mit der heutigen Welt einfach nichts mehr zu tun haben. Die Schüler leben heute anders, in einer smarten Welt, in der fast jeder sein Smartphone hat und der Unterricht kann auch anders aussehen. Klar, die Effektstärken sind da bis jetzt, was Hattie herausgefunden hat, relativ gering. Das liegt vornehmlich daran, dass in einer alten Zeit gesucht wird und ich bin in einer extrem schnellen Zeit unterwegs, in der ich eine Studie von vor 10 Jahren nicht mehr wirklich wertschätzen kann. Die Möglichkeiten, die damals eine Schule hatte, haben mit denen von heute nichts mehr zu tun. Also die Menschen leben großenteils im Internet; sie sind dort eigenständige Persönlichkeiten, und das war so um die 2000er Jahre vollkommen anders. Dort wurde das Internet genutzt, um etwas zu recherchieren und die ganz coolen Nerds hatten eine eigene Homepage, oder waren bei Myspace oder was für komische Vorgänger von Facebook existiert haben. Mit Facebook explodierte das Ganze dann, so dass die Menschen das Internet nicht mehr nur genutzt haben, um eine E-Mail zu schreiben und etwas nachzulesen, sondern tatsächlich auch angefangen haben, sich zu treffen, außerhalb von Nerdchats; sie sind auch in Gruppendynamiken hineingeraten, die die Welt jetzt komplizierter machen. Filterblase ist nur ein Beispiel davon, dass ich mich jetzt wunderbar mit Menschen umgeben kann und Algorithmen mich umgeben, die immer genau meine Meinung in meine Timeline zurückspielen und dass jetzt, was auch immer, genau das richtige ist, weil komischerweise alle, die ich kenne, das bestätigen. Und das ist eine Gefährdung, die sich entwickelt hat, aber auch die Menschen verändert hat und damit eben auch den Unterricht verändern könnte, verändern muss. Und ich glaube, dass da ganz andere Effektstärken bei Metastudien in den nächsten Jahren herauskommen werden.

#00:12:04-5# Tim: Zusatzfrage: Was ist deiner Meinung nach der Grund dafür, dass empirische Befunde veraltet sind und man dort keinen wirklichen Forschungswert drauflegt?

#00:12:17-9# Martin: Wie ich eben schon sagte, die technische Entwicklung ist zu schnell, um tatsächlich etwas vorzubereiten, ich kann da nicht etwas mit 10 Jahren anlegen, weil ich kann ja nicht mal vorhersehen, was in 5 Jahren schon alleine an technischem Fortschritt hinzukommen wird. Und dann habe ich halt immer nur einzelne Enthusiasten, die schnell etwas „zusammengefrickelt" haben, um dann z.B. eine iPad- Klasse oder ähnliches zu installieren. Das habe ich zum ersten Mal in Deutschland vor 6 Jahren gehört und das waren alles nur wenige, schlecht Vernetzte - überhaupt nicht unterstützt von irgendwelchen Unis oder didaktischen Koryphäen - oder wen auch immer man da nennen möchte. Sondern das waren immer einzelne motivierte Lehrer, die sagten, ich will das jetzt machen und dementsprechend ist das dann meistens so gelaufen. Ähnlich waren auch unsere Anfänge und sind es auch immer noch, da fehlt einfach ein Stück Forschung und Ideen, was man überhaupt für Gefahren sieht, was man machen könnte, wo es hingehen kann. Aber das ist keine Aussage darüber, ob Digitalisierung tatsächlich so effektlos ist, wie es bei Hattie und Zierer gerne häufiger mal rüberkommt und wie gesagt manche Studien sind auch hoffnungslos veraltet.

#00:13:48-8# Tim: Was müsste geschehen, damit sich die Effektstärke verbessert?

#00:13:55-0# Martin: Ich glaube in der Tat, dass deutlich mehr Forschung in diese Richtung notwendig ist, die sich mit den Hintergründen beschäftigt, der einzelne Lehrer ist gerne immer dabei, eine neue App auszuprobieren und findet das total cool und sieht die anfängliche Begeisterung der Kinder, was aber fehlt und er auch niemals leisten wird, ist eine umfassende Analyse: Wie kann ich Digitalisierung einsetzen, um meinen Unterricht jetzt komplett neu aufzustellen oder auch in Teilbereichen zu verändern. Etwas, das sicherlich in Zukunft kommen wird, sind digitale Diagnoseprogramme, die mir viel schneller helfen, individuell zu fördern. In vielen Fächern ist es relativ einfach, mit geschickten Online Tests die Schwachstellen von Schülern zu finden. Das macht ein normaler Lehrer auch, aber wer jetzt nicht gerade nur eine einzige Klasse hat, hat kaum eine Chance jede Woche 35 Tests zu kontrollieren, um zu sehen, wer an welcher Stelle jetzt noch Förderbedarf hat. Das ist zwar datenschutztechnisch eine Katastrophe, wird aber zukünftig kommen. Jetzt gar nicht zur Leistungsbemessung, sondern um zu erkennen, okay, der bildet jetzt einfach konsequent jeden Satz mit simple present falsch, dann scheint er das wohl nicht zu können und gleichzeitig ihm dann automatisch auch Übungen anbieten zu können, die passen. Also diese Ideen, den Lehrer zu unterstützen, den Lernenden individueller zu fördern, sind definitiv in der Digitalisierung ein Riesenfeld. Das kann der Einzelne gar nicht verwirklichen, ich mache jetzt vielleicht zwei verschiedene Arbeitsblätter, wenn ich individualisieren möchte. Ich schreibe jetzt nicht acht verschiedene Tests oder noch viel besser ich schreibe einen Algorithmus, der einen Test auswertet auf die Fragestellung hin, wo liegen denn eigentlich die Hauptbaustellen dieses Kindes. Das würde vielleicht Facebook machen um Freunde zu matchen, aber wir als Lehrer können das nicht.

#00:15:51-0# Tim: Hast du Bedenken, was den Verlauf der Digitalisierung angeht, denkst du, dass es zu der Abschaffung des Buches führt?

#00:15:59-2# Martin: Fangen wir mal mit dem hinteren Teil an. Abschaffung des Buches „jein". Also ich glaube was relativ schnell aussterben wird, sind Zeitschriften und Zeitungen. Aktuelle Dinge, die ich schnell wegwerfe, so hat sich einfach in der Gesellschaft herausgestellt, haben kaum noch eine Daseinsberechtigung. Ich weiß, es gibt noch viele Menschen, die sagen, ich brauche das Rascheln von Papier. Aber es gibt wirklich keinen Nachteil, einen Zeitungsartikel auf dem Tablet, Rechner o.ä. zu lesen, außer dass ich den großen Vorteil habe, dass es aktueller ist und ich habe nicht den riesen Papierberg zuhause. Anders ist es, wenn ich ein Buch in die Hand nehme und in Ruhe lesen möchte. Ich glaube, dass da weiterhin tradiert wird, dass

dies ein schöner Moment ist und dass auch jetzige Schüler das irgendwann mal lernen werden. Ob da jetzt Kindle und Co. irgendwie dazwischen grätschen, das weiß
ich nicht. Das Buch an sich wird weiterhin bestehen, es wird weiterhin Menschen
geben, die Novellen oder Romane schreiben. Aber ob der immer noch zukünftig
gedruckt veröffentlicht werden muss, bleibt abzuwarten. Man kann es ein bisschen
auf dem Musikmarkt sehen, seitdem es Apple Music und Spotify gibt, nimmt der
CD-Absatz immer weiter ab und da gibt es noch ein paar Nerds, ich kaufe mir das
auf Vinyl, weil es besser klappt. Aber der Großteil der Konsumenten legt keine CD
mehr ein. Ich habe zuhause sicherlich 500 CDs, die letzten vier Jahre habe ich vielleicht zweimal Weihnachts-CDs herausgeholt...

Ich befürchte, wir werden bei Büchern langfristig einen ähnlichen Weg gehen. Ta-
geszeitungen und Journale werden sich schwer gedruckt halten können. Also wenn
wir die Zeitungskioske angucken, zumindest in Köln, nimmt da die Auslage immer
weiter ab. Jetzt zu den Bedenken, vornehmlich die Auswirkung auf die Gesellschaft.
Meiner Meinung nach können die aktuellen Menschen, die in Demokratien leben,
mit dem Internet und der Digitalisierung nicht besonders gut umgehen, da ihnen
die Kompetenzen fehlen, die Meinungen von Anderen richtig einzuordnen und zu
gewichten. Man findet jetzt ganz schnell Gleichgesinnte, deren Meinung dann meiner Meinung entspricht und ich mich dann problemlos bestätigt fühlen kann, bei
noch so merkwürdigen politischen, aber auch wissenschaftlichen Äußerungen.
Wenn man sich anguckt, wie gerade die Dieseldebatte abläuft, das hat überhaupt
nichts mit Wissenschaft zu tun. Es war schon immer unwissenschaftlich, aber jetzt
sind noch irgendwelchen Lungenexperten mit in die Diskussion eingestiegen und
jetzt wird gewertet, wie viele Lungenexperten einen Brief unterschrieben haben
und wie viele nicht. Das ist keine Wissenschaft, das ist Twitter Bashing. Das ist ein
großes Problem, mit dem die Gesellschaft dringend lernen muss umzugehen. Aber
wenn ich mich am Stammtisch mit fünf Gleichgesinnten treffe und wir uns da alle
einig sind, dass Dieselautos nicht so schlimm sind, oder so schlimm wie nur irgend-
was. Dann hat das einen anderen Effekt, als wenn dann die halbe deutsche Bevöl-
kerung auf einmal einig sein kann. "Oh, die stimmen ihm alle zu, ich spring auf den
Zug mit auf". Da muss definitiv Schulbildung her, um erkennen zu können, dass wir
einen mündigen Bürger erziehen, der sich seine Gedanken selber machen sollte,
oder einfach bewusst sagen kann, zu dem Thema habe ich keine Ahnung, da halte
ich einfach mal den Mund. Das ist was im Moment einfach nicht funktioniert, den
Mund zu halten, Dinge nicht zu sagen. Das Internet verleitet durch die Anonymität
dazu, jeden Unsinn zu kommentieren. Es wird zum Teil nicht mehr differenziert.

Grundsätzlich sind die Anderen immer die Bösen und man selber der Gute und danach wird um sich geschlagen. Das tut einer Gesellschaft überhaupt nicht gut, das führt zu merkwürdigen Entscheidungen. Zum Beispiel Brexit, oder die Wahl eines U.S Präsidenten jenseits von allem Vorstellbaren, oder hier in Deutschland Diskussion über irgendwelche Grenzwerte, die eigentlich acht Jahre alt sind und vorher niemanden interessiert haben und jetzt auf einmal hat da jeder eine Meinung zu und weiß etwas dazu und posaunt es durch die Welt...

#00:17:39-4# Tim: Da wir gerade schon bei den Risikofaktoren sind, wie sieht es denn in der Schule aus? Macht ihr regelmäßig Fortbildungen im Lehrerkollegium?

#00:20:47-5# Martin: Das ist ein ganz schwieriger Punkt, also mit den Schülern klar, die versuchen wir weiterzubilden. Aber wir müssten eigentlich bei den Lehrern anfangen. Wir machen Fortbildungen, aber meiner Meinung nach viel zu wenig und viel zu ziellos. Uns fehlt jemand, der vorweg geht, wir sind ja in gewisser Weise Befehlsempfänger, wir bekommen Lehrpläne, wir bekommen Richtlinien. Die sollten uns in eine bestimmte Richtung schieben. Klar sind wir alle studierte Menschen, aber gerade bei so einem kontroversen Thema sollte man sich vielleicht mal auf das verlassen, was andere herausgefunden haben. Aber diesen Markt gibt es momentan nicht, deswegen tut sich die Politik auch so schwer. In NRW kommt gerade verpflichtend der Rahmenkompetenzplan - eine Übersicht, was Schüler zu welchem Zeitpunkt beherrschen müssen. Es fehlt aber komplett an systematischen und kontrollierten Lehrerfortbildungen, um den Lehrern überhaupt klar zu machen, was da eigentlich passiert. Das soll dann so passieren, dass die Nerds der Schule irgendwo hinfahren, denen wird das klargemacht und dann sollen die das den Anderen beibringen. Ich schicke meinen Informatiklehrer hin, wenn der jetzt mit der Philosophiefachschaft darüber debattieren soll, ist er natürlich hoffnungslos verloren. Das sind Dinge, die ganz schlecht organisiert sind. Aber das betrifft insgesamt Fortbildungen unter Lehrern, es gibt keine verpflichtenden Programme, es gibt eine Verpflichtung, das zu tun, aber es gibt keine Kontrollen. Es gibt keine negativen Folgen, wenn ich mich nicht fortbilde. Da haben wir in einer Gesellschaft, die sich so schnell wandelt, keine Chance mehr. Ein Kollege, der 1970 sein Examen gemacht und bis 1990 unterrichtet hat, hat zwar auch einen Wandel mitgemacht, aber es ging damals viel langsamer. Nicht so gravierend, wie die armen Menschen, die vor 20 Jahren Examen gemacht haben und jetzt vor einer ganz anderen Gesellschaft mit ganz anderen Problemen steht.

#00:23:09-7# Tim: Was ist deiner Meinung nach der größte Risikofaktor für die Schüler und für die Lehrer?

#00:23:13-7# Martin: Also für die Schüler ist der größte Risikofaktor das unkritische, das konsumierende Verhalten, was sie eben nicht zu mündigen Bürger macht, sondern einfach nur zum Spielball von diversen Firmen, sie sind Werbekonsumenten. Wenn man sich die Landschaft von YouTube anschaut, wird schnell deutlich, dass nur Geld eine Rolle spielt. Das ist den Schülern zwar teilweise klar, aber trotzdem ist es der größte Traum eines Schülers Influencer zu werden. Früher wollte man noch Popstar werden, heute Influencer und ist sich nicht so ganz bewusst, dass man zu diesem Moment schon als Konsument gedrillt wird und ich glaube, dass da so eine konsumkritische Haltung zum Beispiel YouTube gegenüber der Menschheit gut zu Gesicht stehen würde. Es ist ja schon besser geworden, anfangs hat man sich immer gefragt, wie kann es sein, dass ich im deutschen Fernsehen nur 15 Minuten Werbung zeigen darf und muss das noch fett kennzeichnen, aber gleichzeitig kann ich auf YouTube 24 Stunden Werbung schalten, ohne Beschränkungen. Es ist schon besser geworden, aber es ist immer noch dadurch, dass es ein Medium ist, das sich selber finanzieren muss und nicht durch Gebühren finanziert wird, sehr stark dazu verkommen, damit Geld zu verdienen und klar gibt es dort auch tolle Inhalte, aber letztendlich geht es nur um Klicks und dadurch mehr Werbeeinnahmen zu generieren. Das müssen wir den Schüler klarer machen und sie vielleicht so weit zu bringen, auf YouTube Videos zu produzieren ohne den Hintergedanken Geld zu machen. Aber da kommen wir natürlich bei sozialen Medien in eine Richtung, die Anzahl von Freunden und Likes ist etwas, woran der Mensch sich misst. Das ist sehr gut erkannt worden von dieser Industrie. Das war schon immer so, der Mensch lebt in sozialen Vergleichen. Da kann ich einfach sagen, mein Kanal hat 6000 Abonnenten, da bin ich als 12-Jähriger schon jenseits von allen Vorstellungen, da bin ich Gott. Die kennen von den 6000 Abonnenten vielleicht 150 Menschen und dann haben sie vielleicht mal 10000 Likes unter einem Clip und das sind Dinge, die gibt es seitdem es die Menschheit gibt und diese sind jetzt wahnsinnig auf die Spitze getrieben worden. Früher wollte man der beliebteste in der Klasse sein, oder im Fußballclub. Aber jetzt will man für eine graue anonyme Masse beliebt sein die bei YouTube und Instagram unterwegs sind und gerät da in Gefahrensituationen herein, die jetzt für uns klar die gab es früher auch schon, es gab früher schon magersüchtige Mädchen und idiotische Jungs, die den ganzen Tag gespielt haben. Aber jetzt werden die darin noch bestärkt, wenn ich da der Supergamer bin und mir auf meinem Twitch Account 1000 oder 10000 Leute folgen, dann spiele ich noch mehr und will noch besser werden und habe dann den großen Traum professioneller E-Sportler zu werden, wo es im Endeffekt 15 Leute von gibt, da ist es noch schlimmer als bei den Fußballern und da gibt es nicht den Fußballverein der sagt: "Komm, mach doch erstmal die Ausbildung fertig und dann können wir gucken, ob es für die Bundesliga reicht". Bei den Mädels ist es ja noch viel schlimmer, was die für Vorbilder auf Instagram vorfinden, da sagt keine von denen, mach erstmal dein Abi und studiere etwas und wenn du nachher gut aussiehst, gucken die Leute trotzdem noch auf dein Foto. Das passiert alles nicht und da sehe ich die große Gefahr bei den Schülern und bei den Lehrern die Riesengefahr des Ignorierens von all dem: "Wir haben früher auch guten Unterricht gemacht, die werden schon groß werden und was wir damals alles neu erlebt haben". Ja, da gab es plötzlich ein Tastentelefon, das waren so die großen technischen Änderungen in den 70ern. Dann die Einführung des werbefinanzierten Fernsehens, das war so Ende der 80er, was ich live als Kind miterlebt habe, das war so der Untergang der Menschheit, klar hat sich viel davon bestätigt, trotzdem hat die Schule so etwas gar nicht aufgegriffen und merkt inzwischen, ja es war eine große Gefahr. Einführung von Satellitenfernsehen, Katastrophe für Integration von Ausländern. Hat aber vorher nie einer so gesehen. Wenn der den ganzen Tag auf seiner Heimatsprache berieselt wird, hat er keine Probleme mehr, er braucht nicht mehr rausgehen. Ich sage ja gar nicht, dass wir jetzt alle digital unterrichten müssen, aber alle müssen sich darauf einstellen, dass die Gesellschaftsstrukturen dadurch anders geworden sind.

#00:27:36-7# Tim: Würdest du den aktuellen Digitalisierungsprozess am Otto-Hahn-Gymnasium als erfolgreich bezeichnen? Und dann einmal die größte Hürde und den größten Erfolg in einem Satz.

#00:27:48-6# Martin: Erfolgreich in dem Sinne, dass wir es relativ schnell geschafft haben hier viel an Hardware und technischen Möglichkeiten auszurollen. Der Erfolg ist damit aber erstmal so ein vordergründiger. Dass jeder Schüler ein iPad hat, ist schön. Aber der größte ‚Rattenschwanz‘ dahinter kommt noch, die größte Hürde sind die Kolleginnen und Kollegen, aber gleichzeitig ist dies auch inzwischen unser größter Erfolg. Da wir viele Kollegen hatten, die ursprünglich absolut dagegen waren, aber jetzt so langsam aber sicher erkennen, dass sie etwas in diese Richtung tun müssen.

#00:28:42-5# Tim: Was würdest du anderen Schulen raten, wenn sie auch tabletgestützten Unterricht einrichten wollen? Wo sind die Fehlerquellen und welche Punkte muss man vorher definitiv klären?

#00:29:11-8# Martin: Die ersten 4 -5 Jahre beschäftigt man sich nur mit technischen Problemen und das wird sich auch nicht ändern, aber das sollte man immer im Auge behalten, es ist zwar schön, dass alle eine WLAN- Verbindung haben, die ohne Probleme funktioniert und man Videos hochladen kann, das ist alles super, aber das darf nicht das Ziel der Digitalisierung sein. Klar, kümmert euch erst darum, dass das Netzwerk funktioniert, aber kümmert euch gleichzeitig darum, dass ihr eine Vision habt, wo ihr hinwollt und nehmt gleichzeitig die Kollegen mit. Man muss aufpassen, dass man nicht nur Enthusiasten mitnimmt und den Rest als Gegner zurücklässt. Das haben wir bei einigen anderen Schulen beobachtet, die wir besucht haben, wo es dann später tatsächlich zu einer Spaltung kam. Da gab es dann 25 Kollegen, die das toll fanden und mitmachen wollten und die anderen 75 Kollegen haben sich absolut dagegen gewehrt. Das ist das Momentum, das nicht passieren darf. Die Schule lebt durch die Lehrer und nicht durch die Ausstattung.

#00:30:32-5# Tim: Elektronische Grundausstattung? Was ist deiner Meinung nach für jede Schule in Deutschland Pflicht?

#00:30:42-5# Martin: Ich bin der festen Überzeugung, dass jeder Schüler ein smartes Gerät haben sollte. Man kann mit mir auch drüber streiten, ob das ein Laptop sein darf. Das würde ich persönlich ablehnen, aber sie brauchen ein digitales Endgerät, dass ihnen kostenlos zur Verfügung gestellt wird. Es kann nicht angehen, dass das daran liegt, ob die Kommune reich, die Eltern reich sind, die Gegend reich ist oder der Förderverein reich ist. Das ist eine Spaltung in der Bildung, die auf gar keinen Fall sein darf. Das wäre so, als würden wir sagen, die Schulbücher sind wieder kostenpflichtig und die Schüler sollen sich diese wieder selber besorgen. Da hat man aus gutem Grund gesagt, das ist vom Staat zu bezahlen und es gibt jetzt einen Elternanteil, der ist aber so gering, da kann man sagen, den kann jeder bezahlen und die den nicht zahlen können, können sich diesen Betrag vom Amt wieder zurückholen. Aber bei digitaler Ausstattung ist das leider absolut nicht der Fall. Wenn wir bei Klausuren die Handys einsammeln, haben wir alles von funktioniert gerade noch und ist 10 Jahre alt und von Huawai bis hin zum neusten iPhone, und wenn ich das jetzt auf sowas übertrage, wie mit jedes Kind darf sein eigenes digitales Werkzeug mitbringen, das wird dann so bleiben und das wird dann schlimme Folgen haben und zwar dass derjenige, dessen Flat gerade ausgelaufen ist, jetzt nicht mehr so gut am Unterricht teilnehmen kann, während der andere seine 4K HD Videos mit VR-Brille dreht. Das darf bei Bildung nicht passieren. Bildung muss dafür sorgen, dass alle gleichbehandelt werden und am besten alle auf dem gleich hohen Niveau und nicht auf einem gleich niedrigen Niveau.

#00:32:21-4# Tim: Wie sieht das mit den Lehrern aus? Verringert sich der Vorbereitungsaufwand, wenn man auf digitale Endgeräte zurückgreift oder den Unterricht digital plant?

#00:32:35-2# Martin: In meinen Augen, ja. Aber das liegt daran, dass ich mich eher als Nerd ansehe, für mich war immer schon der Computer das Planungsinstrument Nummer 1 und jetzt ist der große Vorteil, dass ich vieles von dem, was ich vor dem Computer hatte, nicht mehr "übersetzen" muss. Ich kann die modernen Möglichkeiten nutzen und den Kindern das vor die Füße werfen und sagen guckt euch doch eben das YouTube Video dazu an. Das macht die Sache für mich schneller und einfacher, alleine aber die Erreichbarkeit der Schüler ist schneller und einfacher. Wenn ich irgendetwas Wesentliches vergessen habe, kann ich inzwischen erwarten, dass ich den Schülern nachmittags eine E-Mail schreibe und die haben die bis zum nächsten Morgen zu lesen. So Dinge zum Beispiel, die früher ganz schwierig waren, ich habe der Klasse leider vergessen zu sagen, dass sie am Montag das Mathebuch mitbringen müssen. Dann haben die normalerweise am Montag das Mathebuch nicht dabei, heute schreibe ich Sonntagabend eine E-Mail, und wenigstens die Hälfte hat am Montag ein Mathebuch dabei. Das sind Dinge, die natürlich auch den Druck auf der anderen Seite erhöhen, ich werde dann angeschrieben und gefragt, sollen wir das Mathebuch mitbringen? Okay, kann man mit leben, aber das macht es einfacher und ich glaube, dass ein größerer Zeitaufwand entsteht, wenn ich jetzt nicht nur meine alten Sachen übertrage. Es gibt halt eine Pyramide, die Abkürzung ist Summer mit 4 Stufen und ich bewege mich vornehmlich immer nur auf der Stufe, dass ich alte analoge Sachen durch digitale ersetze. Dann wird es für mich einfacher, der letzte Schritt ist die Redefinition. Wenn ich jetzt tatsächlich anfange meinen Unterricht neuzugestalten und zu überlegen, wo hat die Digitalisierung neue Möglichkeiten, dann wird es natürlich ein größerer Aufwand.

#00:34:15-6# Tim: Verändert sich das Lesen deiner Meinung nach, wenn man auf dem Bildschirm liest, anstatt auf dem Buch?

#00:34:17-6# Martin: Definitiv, also ich bin auch noch einer der Menschen, wenn ich jetzt einen 60-seitigen Text lesen muss, zum Beispiel eine Examensarbeit lesen muss, muss ich den ausdrucken. Ich glaube, dass durch den Hypertext die Gefahr der Ablenkung viel größer geworden ist. Klar ist das schön, dass ich zwischendurch mal scrollen muss, dann schlaf ich nicht so ein aber das ist auch das einzige, was ich machen muss. Ich habe auf diesen Geräten Unmengen Ablenkungen und das habe ich bei gedrucktem Papier nicht, da kann ich von einer Seite auf die nächste springen. Aber ich habe wenigstens ein digitales Gerät um mich herum, das auch regelmäßig irgendwelche Sachen von sich gibt, selbst auf dem PC bekomme ich dauernd irgendeine Nachricht, dass ich eine neue E-Mail bekommen habe. Meine Erfahrung ist, dass das Lesen von langen Texten keinem besonders leicht fällt auf solchen Geräten. Etwas anderes ist es, wenn ich mich mit einem Kindle an den Hotelpool lege und wenn ich Glück habe gibt es dort nicht mal WLAN... Dann kann ich nichts anderes machen als lesen. Aber immer, wenn ich zwischendurch die Möglichkeit habe, irgendwie auszuscheren und die Anstrengungen beiseite zu legen, guck ich mal ganz kurz, ob ich neue Mails habe. Ob jetzt die Augen schneller ermüden, ist ungewiss. Ich persönlich lese inzwischen sehr lange und viele Texte auf dem iPad und kann sagen, dass ich keinen früheren Ermüdungszeitpunkt feststellen kann. Auch diese Geschichte mit dem Licht, was immer wieder erzählt wird, dass ein Licht gut fürs Einschlafen sei und das andere nicht und dann schrauben sich die Leute eine LED Lampe in ihre Nachttischlampe. Dann ist das genau das gleiche Licht, was von dem Bildschirm kommt und was von dem Buch reflektiert. Klar, früher hatte man deutlich schlechtere Lampen, die dann eine deutlich andere Lichttemperatur hatte. Aber ich glaube das Hauptproblem ist Ablenkung.

#00:35:56-7# Tim: Jetzt sprechen wir noch einmal das Lernen an, denkst du die Digitalisierung verändert das Lernen und inwiefern wird das stattfinden? Du hast das ja eben schon einmal angesprochen mit den Tests.

#00:36:05-8# Martin: In die Richtung definitiv, es wird häufiger digital unterstützt. Aber es ist ja die Hoffnung der Enthusiasten, dass sich das Lernen insgesamt verändert, dadurch, dass jetzt die Menschen mehr Möglichkeiten haben und viel freier lernen und man denen irgendwelche Projekte stellt und sich alles selber heraussuchen. Das sehe ich ein wenig kritisch, da ich der Meinung bin, dass die meisten Menschen damit überfordert sind. Das merke ich in allen Jahrgängen, wenn ich denen nur den Arbeitsauftrag gebe: "Recherchiert zum Thema Strahlenbelastung des Menschen, durch radioaktive Strahlung". Die schaffen es nicht in der Klasse 9, dann irgendwelche Internetbeiträge vernünftig zu gewichten und aufzunehmen. Das andere ist, wenn ich präzise Frage, wie zum Beispiel: "Nenne die drei Dosiseinheiten". Sobald es kontroverser oder übersichtlicher wird, muss ich Hilfestellung geben. Aber das hat ja bisher immer ein Schulbuch gemacht, es hat einzelne Informationen zusammengefasst, die haben die Schüler gelesen. Ich brauche jetzt ein Mittelding, Umgebungen, die nicht komplett frei sind, die die Schüler immer weiterbringen, so dass sie irgendwann, wenn sie von der Schule abgehen, mit der komplett freien Umgebung mit dem Internet richtig umgehen können. Aber ich kann jetzt nicht mit der 5. Klasse frei zu irgendwas recherchieren. Ich muss da einen Link vorgeben, hier mach das und dann kannst du da in dem Text auf weitere Links drücken und weitere Informationen bekommen. Aber das ist ja schon eine Veränderung zu früher, früher habe ich eine Seite ausgedruckt, die haben sie einfach komplett gelesen. Heute gebe ich eine URL und gebe vor, was sie daraus machen sollen und hoffentlich finden sie dann auf dieser Seite Links, die ihnen weiterhelfen, bestimmte Dinge zu verstehen. Es ist vorbei, dass man sagen kann, ich habe jetzt in der Schule all mein Wissen angehäuft und damit komme ich jetzt gut durchs Leben.

#00:38:13-5# Tim: Gut dann kommen wir zur letzten Frage, wie verändert sich die Schule in den nächsten 10 und in den nächsten 20 Jahren?

#00:38:22-9# Martin: Das ist eine sehr schwierige Sache, also in Richtung Digitalisierung wird sie sicher digitaler werden, aber ob das jetzt dazu führt, dass die Schüler freier arbeiten, weniger Zwang haben, mehr Projektarbeit machen, das glaube ich nicht, ich befürchte, dass die aktuelle deutsche Schullandschaft relativ bald auf einem Umkehrprozess sein wird, wieder mehr zur Elite hin. Wir gehen gerade komplett in die Breite und wir haben Abiturientenquoten jenseits von allem Vorstellbaren und das wird natürlich Digitalisierung beeinflussen. Wir werden in sehr vielen Untersuchungen feststellen, dass unsere Schüler nur noch halb so schlau sind wie vorher und die Fragestellung wird dann vielleicht nochmal erlaubt sein, dass das vielleicht daran liegt, dass die alle immer zusammen lernen und dass sich dann leider das schwächste Glied durchsetzt und nicht das stärkste und das wird dann auch bei Digitalisierung dann hoffentlich mitreingrätschen, vielleicht kann die Digitalisierung das aber auffangen, dass diese Vision von alle lernen am gleichen Gegenstand und lernen gleichzeitig und im gleichen Gebäude aufrecht erhalten werden kann, durch bessere Differenzierung. Mein Gefühl ist es im Moment, dass wir sehr viel Potenzial der Schüler brachliegen lassen, weil wir irgendwie alle fördern und diejenigen, die sich im Mittelfeld befinden, relativ schnell merken, dass sie nichts tun müssen um nicht negativ aufzufallen und wir müssen wieder zu dem Punkt hin, dass Bildung weh tun darf und dem einzelnen Schüler auch weh tun muss. Es kann nicht sein, dass jeder Schüler nur vor sich hinplätschert.

Das würde kein Sportverein dulden, wenn ich Leistung möchte, dann muss ich die Leute antreiben und das ist das, was momentan in unserer Bildungslandschaft nicht richtig funktioniert. Dadurch dass ich immer wieder merke, ich guck mich als Schüler um, der kann es nicht, der kann es nicht, ob brauch ich es auch nicht zu können und dann hat sich das Problem erledigt. In arbeitsintensiveren Fächern merkt man das sehr schnell. Ich glaube, dass Digitalisierung da helfen kann, eben durch das digitale Feststellen des Lernstands und durch individuellere Wege. Aber sobald es wieder in den Gruppenvergleich reinkommt und das habe ich immer, wenn ich in einer Klassenstruktur drin bin und dann habe ich die Gefahr, auch das wird die Digitalisierung nicht ändern können. Dann stelle ich fest, oh der hat 80% des Tests gemacht und kann nichts, dann brauche ich mich wohl nicht vorbereiten und mache 90% und das wird sich dadurch nicht ändern. Manche glauben, die Schule wird sich komplett auflösen. Das glaube ich persönlich nicht. Die Institution Schule wird sich der Situation anpassen.

Anlage 2

Ergebnisse der Evaluation des Tableteinsatzes am Otto-Hahn-Gymnasium

Mehrwert des Tableteinsatzes

Es wurden jeweils 100 Personen befragt.

Lehrer/innen Das Tablet stellt in Bezug auf folgende Aspekte eine Bereicherung des Unterrichts dar:

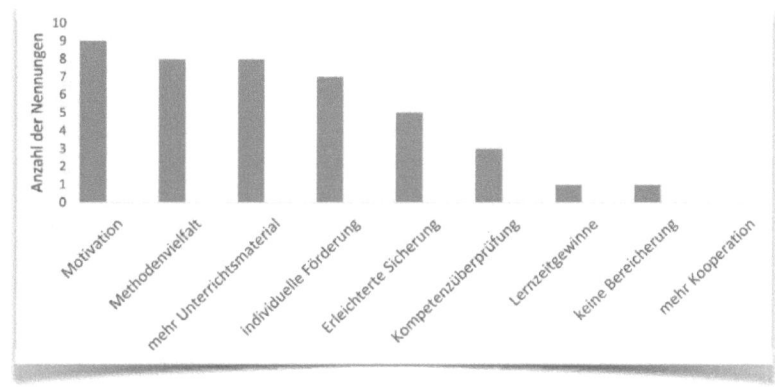

In Bezug auf Motivation und Konzentration der Schüler/innen beobachten die Lehrer/innen Folgendes:

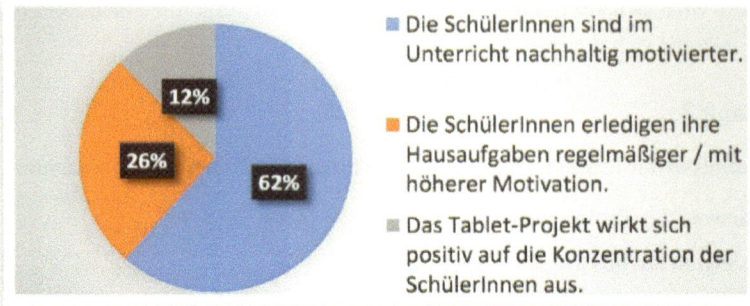

ELTERN

Das Tablet hat sich für mein Kind als Bereicherung des Unterrichts erwiesen:

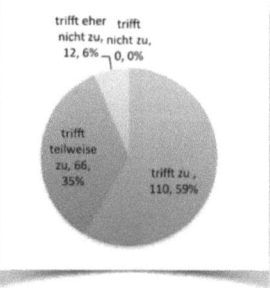

Werte: Absolute Häufigkeit und prozentualer Anteil

Das Tablet stellt für die Schüler/innen eine Motivation in Bezug auf die Lernbereitschaft dar:

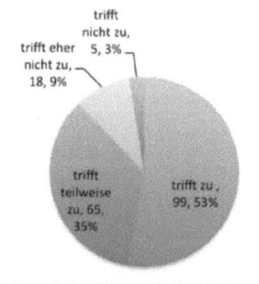

SCHÜLER/INNEN

Das Arbeiten mit dem Tablet hat die Schüler/innen zu folgender Bewertung veranlasst:

	trifft zu	trifft teilweise zu	trifft eher nicht zu	trifft nicht zu
Das Lernen mit dem Tablet macht mir Spaß.	**64,00%**	32,00%	4,00%	
Durch das Tablet kann ich in der Schule selbstständiger arbeiten.	**48,00%**	**44,00%**	6,00%	2,00%
Durch das Tablet kann ich zu Hause besser die Lerninhalte wiederholen.	**56,00%**	30,00%	10,00%	4,00%
Durch das Tablet kann ich besser versäumte Unterrichtsinhalte aufarbeiten.	24,00%	**50,00%**	18,00%	8,00%
Durch das Tablet arbeiten wir in Gruppen gut zusammen.	12,00%	**34,00%**	**44,00%**	10,00%
Mit dem Tablet kann ich in meinem eigenen Lerntempo arbeiten.	**64,00%**	30,00%	4,00%	2,00%
Durch das Tablet vermisse ich das Schreiben mit der Hand.	2,00%	18,00%	**42,00%**	**38,00%**